# SOMMAIRE

# AVANT-PROPOS

Si les questions de formation et d'éducation occupent à nouveau une place centrale dans le débat politique français, ce n'est pas tant à mon sens du fait de ce qu'on a appelé « la querelle scolaire » — quel rôle doivent tenir les établissements privés d'enseignement dans notre système éducatif ? — que par l'effet d'une prise de conscience plus profonde.

A notre époque où la science bouleverse tous les aspects de l'activité humaine, rien n'est plus décisif que la conquête du savoir. Pour chacun, l'école est la meilleure voie de la réussite. Et pour un pays comme le nôtre, dont la principale richesse est la qualité de son peuple, rien ne doit compter davantage que la culture méthodique de l'intelligence. Héritière d'une grande culture, la France est depuis trois siècles, depuis approximativement la fondation de l'Académie des sciences par Colbert, l'un des tout premiers pays scientifiques du monde. Elle doit le rester pour relever le défi d'une compétition internationale impitoyable. Il ne suffit pas, pour y parvenir, de relancer l'effort de recherche comme cela a été fait depuis 1981. Il faut aussi réaliser un bond en avant général de la formation et des qualifications de toute la population.

***

Face à la montée du condominium technologique nippo-américain, ceux qui ne seront pas capables de tirer profit des gains de productivité considérables que recèle la diffusion des technologies nouvelles perdront pied et s'enfonceront dans la décadence. Avec la dépendance à l'égard de l'étranger, c'en sera fait de la démocratie ! La République ne sera plus qu'un mot !

S'il m'arrive de me référer à Jules Ferry, ce n'est pas par je ne sais quelle nostalgie du passé, si glorieux soit-il. C'est tout d'abord pour bien faire comprendre le lien qui existe entre l'éducation (on disait alors « l'instruction publique ») et la démocratie.

L'école a été une pièce maîtresse dans l'établissement de la République en France. Et si l'effondrement de 1940, en ouvrant la boîte de Pandore des corporatismes et des intérêts catégoriels, n'a pas fini de faire sentir ses ravages, rien n'est plus important, pour fonder à nouveau la République sur des bases solides, que de rétablir le prestige de son école.

Or, celui-ci ne va pas sans l'amour de la connaissance, le développement de l'esprit critique et le respect des choses de l'esprit, valeurs qui firent la gloire et la grandeur de l'école publique française, et sans lesquelles aucune démocratie ne peut se maintenir.

La deuxième raison pour laquelle je n'hésite pas à évoquer la grande ombre de Jules Ferry tient à ce que le progrès à réaliser aujourd'hui en matière d'éducation est du même ordre de grandeur que celui qui a été accompli il y a cent ans, avec l'obligation et la gratuité de l'école primaire.

Certains croient encore qu'ils sont suffisamment, voire excessivement, formés pour le travail qu'ils font. C'est bien souvent le contraire qui est vrai. Qu'avons-nous constaté lorsque nous avons entrepris d'accélérer le développement de la filière électronique, il y a deux ans ? Que les ingénieurs et les techniciens spécialisés dans cette matière faisaient cruellement défaut.

Et que constatons-nous, chaque jour, dans nos entreprises, quand nous voulons moderniser leurs équipements ? L'argent pour acheter des machines ne suffit pas. Le principal obstacle à l'introduction de la productique dans les ateliers, c'est bien souvent l'insuffisante capacité des ouvriers à lire les instructions qui apparaissent sur un écran cathodique. De même, les machines à traitement de texte sont sous-utilisées dans les bureaux, parce que trop de secrétaires et de cadres ne savent pas s'en servir.

De bas en haut de l'échelle des qualifications, le niveau acquis est généralement insuffisant. Dans notre pays, aujourd'hui, ce sont les hommes et les femmes capables qui manquent le plus.

Quels doivent être, dès lors, les objectifs de notre politique éducative ? J'en discerne trois :

1. *D'abord, élever le niveau de la formation générale de tous les jeunes Françaises et Français,* car c'est le commencement de tout.

Sans une solide formation de base, il n'y a pas de bonne formation professionnelle. Sans une solide formation de base, il n'y a pas de conversion possible, dans le cours de la vie professionnelle. Et sans une solide formation de base pour tous, il n'y aura pas d'élites de niveau international nous permettant de tenir tête à nos concurrents. Il en va de l'éducation comme du sport : le plus sûr moyen de décrocher des médailles aux Jeux olympiques, c'est encore de favoriser le sport de masse.

C'est pourquoi je me suis attaché, en tout premier lieu, à *améliorer l'acquisition des apprentissages fondamentaux,* dès les premiers degrés de notre enseignement. Assurer la scolarisation des enfants à trois ans, dès lors que les parents le souhaitent, c'est d'ailleurs un moyen éprouvé d'égaliser les chances à l'école élémentaire.

Pour cette dernière, des instituteurs mieux formés, des programmes à la fois plus simples et plus exigeants sur l'essentiel, assureront une plus grande homogénéité des élèves à l'entrée en sixième. Dans le second degré, la rénovation des collèges, organisée autour d'un plan de formation continue des maîtres, de la modernisation des contenus de l'enseignement et de l'introduction d'une pédagogie différenciée, sera progressivement étendue à tous les établissements d'ici à 1988. Mais bâtir le collège de la réussite est une œuvre de longue haleine. « Savoir est un viatique », a écrit Victor Hugo dans *Les Misérables*. C'est bien ce viatique qu'il faut offrir à tous les jeunes Français, qu'ils s'orientent ensuite vers une formation professionnelle, ou vers un second cycle long.

Au-delà de la formation de base, nous devons dès maintenant ouvrir de plus larges perspectives pour *les lycées et l'enseignement supérieur*. Le nombre de lycéens et d'étudiants en France est trop faible. J'ai souvent fait observer qu'au-delà de seize ans, la proportion des jeunes gens scolarisés était beaucoup plus élevée aux États-Unis, au Japon ou en Allemagne fédérale qu'elle ne l'est dans notre pays. Sait-on qu'il y a treize millions d'étudiants aux États-Unis et que, rapporté à la population française, cela équivaudrait à plus de trois millions chez nous, alors que nous n'en avons que neuf cent cinquante mille ?

Pour avoir plus d'étudiants, il faut plus de bacheliers et plus de lycéens. L'enseignement dans nos lycées jouit d'une bonne réputation, et cette réputation n'est pas usurpée ; les professeurs qui y enseignent sont des maîtres de qualité. Les lycées ont un défaut : ils ne sont pas assez nombreux, ils n'accueillent pas assez d'élèves.

2. La deuxième orientation de notre politique vise à *mieux adapter notre enseignement technique*

*et professionnel aux besoins de la nation.* Cela signifie d'abord en faire une grande filière de la réussite, à tous les niveaux de qualifications auxquels il conduit, de l'ouvrier à l'ingénieur, en ménageant constamment des passerelles avec l'enseignement général. L'enseignement technique, notamment celui des lycées d'enseignement professionnel, ne doit plus être considéré comme une voie de garage où seraient orientés les élèves rejetés par l'enseignement général. Il doit susciter des vocations, en assurant des débouchés professionnels gratifiants.

Pour cela — et c'est le deuxième aspect de son adaptation — l'enseignement technique doit être plus cohérent avec les filières de production. Il faut que nous tous — ce n'est pas seulement l'affaire du ministre, mais aussi celle des personnels concernés — ayons le courage de supprimer des formations techniques sans débouchés. Il faut, plus encore, mettre sur pied des formations aux métiers en expansion, aux métiers de l'avenir.

La modernisation et la valorisation de notre enseignement technique n'iront pas sans un effort appliqué à notre enseignement tout entier. Susciter le goût des métiers techniques, ouvrir des voies de communication entre l'enseignement technique et l'enseignement général, cela suppose que notre enseignement général s'ouvre à la technique, à la culture technique — celle qu'on peut enseigner dans les collèges rénovés, mais aussi celle qui est à l'œuvre dans les entreprises. C'est pourquoi j'attache la plus grande importance à l'introduction de l'enseignement technologique dans tous les collèges, autant qu'à la multiplication des liens que les jumelages tisseront entre nos établissements et les entreprises.

A certains égards, il y a là, pour l'Éducation nationale, une espèce de révolution culturelle. Les premières expériences montrent que les esprits y sont mieux préparés qu'on ne le croit. Et l'opinion, j'en suis sûr, soutient ce mouvement. Au reste, nous ne faisons, en cela, que renouer avec l'esprit positif des Lumières qui a su si bien marier la culture scientifique et technique avec les humanités.

3. Enfin, *l'école doit former des citoyens.* La République moderne, pas plus que celle de nos ancêtres, ne saurait se passer de citoyens attachés à ses principes et à ses lois. Tel est, au premier chef, le rôle de l'éducation civique. Supprimée en 1977, elle retrouvera sa place dès la rentrée de 1985, dans l'enseignement élémentaire.

C'est, au fond, le rôle de tout enseignement. L'acquisition des connaissances, à commencer par celle de la lecture, qui est la clef de toutes les autres, est un acte libérateur par excellence. Une démocratie vivante a besoin de citoyens éclairés, capables de comprendre le monde, d'exercer leur jugement, de raisonner et de débattre. Savoir s'exprimer clairement, connaître les principaux repères de notre histoire, maîtriser quelques notions de sciences expérimentales et de technologie, tout cela contribue à la formation des citoyens. L'instruction éduque les hommes à la liberté. C'est pourquoi, de Condorcet à Jules Ferry, les fondateurs de la République en ont fait leur première préoccupation.

L'ampleur et le rythme accéléré du progrès des connaissances sont, aujourd'hui, des raisons supplémentaires pour donner à tous le plus large accès au savoir et à la culture, à chacun selon ses capacités. Sans cet effort toujours renouvelé pour diffuser et partager le savoir, le danger de la passivité civique nous guette : on s'en remet à la minorité qui sait. L'instruction de masse et de qualité est, aujourd'hui comme hier, mais aujourd'hui avec de plus hautes exigences, la condition de toute formation civique.

***

Tel est d'ailleurs le sens du combat laïque tel que le définissait Jean Macé[1] il y a plus d'un siècle : « Un combat contre l'ignorance. » A vrai dire, y a-t-il combat plus moderne ? Et qui ne voit le lien entre « l'esprit de la recherche », qui est l'âme même de la laïcité, et les exigences de l'intérêt national ? Faire faire à la France le pari de l'intelligence, c'est aussi réhabiliter le sens de la rigueur, faire aimer le fécond travail intellectuel, créer l'environnement le plus propice à la réalisation d'un gigantesque investissement collectif dans la science et dans l'éducation.

Une telle ambition est à la portée du service

1. Jean Macé était issu d'une famille d'ouvriers. Il fonda, avec l'éditeur Hetzel, le *Magasin d'éducation et de récréation* ; en 1866, il contribua à la fondation de la Ligue française de l'enseignement. *(Note de l'éditeur.)*

public de l'Éducation nationale, pour peu qu'on lui accorde les moyens de sa propre modernisation. Sans doute, cela n'est pas facile, et cela coûte cher ! Mais seul le service public est en mesure d'assurer la plus grande égalité possible de tous les enfants devant la connaissance, car tous les enfants peuvent apprendre dès lors que l'institution scolaire en fait son objectif. La privatisation de l'école, ouverte ou camouflée, serait une régression sans précédent dans notre histoire. Sa décentralisation, si elle est conduite par chacun dans le respect des objectifs nationaux et avec dynamisme, sera en revanche une source de vitalité accrue.

L'intervention des parents peut et doit continuer à améliorer la qualité de l'école. Les collectivités locales ne se tromperont pas en consacrant, avec l'aide de l'État, une part accrue de leurs ressources à l'investissement éducatif : elles prépareront un avenir meilleur à leurs enfants, et une plus grande prospérité à leur région. Le resserrement des liens avec l'environnement économique accroîtra enfin le potentiel de l'école.

L'école publique, malgré d'immenses difficultés souvent accrues par un certain scepticisme, nullement innocent, et professé quelquefois jusqu'en son sein même quant à la valeur de sa mission, a su globalement rester la meilleure. Je ne doute pas qu'elle le redeviendra aux yeux de tous, de manière éclatante, dans les années qui viennent. Elle est en effet le principal facteur de notre progrès collectif. Brassant les enfants de toutes origines, elle reste la matrice de l'unité nationale, toujours changeante mais toujours vivante, comme est la vie d'une personne, à tous les âges de son existence. Enfin, l'effort décidé par le gouvernement portera ses fruits si lui répondent, comme j'en suis sûr, l'exigence et la conscience des maîtres — de tous les maîtres — dont le métier difficile a besoin d'être porté par l'estime et la considération de chacun de nos concitoyens.

Depuis qu'en juillet 1984 j'ai pris mes fonctions au ministère de l'Éducation nationale, je me suis efforcé de tenir un langage de vérité. J'ai rappelé cette évidence : apprendre est un travail. On ne transmet pas des connaissances comme on emplit un récipient. Cela requiert, de la part de l'élève, qu'il soit écolier ou étudiant, un exercice de l'esprit, un effort propre. Ce langage a parfois surpris. Il paraît assez communément compris, en particulier chez ceux auxquels il s'adresse : dans la jeunesse. La jeunesse est lasse des propos démagogiques que trop de responsables — professeurs ou ministres — lui ont adressé depuis quinze ans. Elle sait qu'elle paierait cher, dans la vie professionnelle et dans la vie tout court, la satisfaction d'une flatterie d'un jour. Elle sait — ou elle pressent — que nous vivons dans un monde difficile, que nous sommes engagés dans une guerre économique, et qu'une telle situation appelle une formation exigeante et rigoureuse. Elle attend qu'on ne lui cache pas la réalité : la compétition est sévère, le pays ne sortira pas vainqueur de la crise sans un immense effort collectif d'innovation et d'imagination, sans une élévation générale du niveau des qualifications.

L'avenir appartient aux nations entreprenantes. Et pour entreprendre, il faut apprendre.

Parce que le succès de l'école sera celui de nos enfants et en même temps celui du pays, il faut que l'école rassemble et ne soit pas le prétexte de divisions stériles.

Bien des querelles n'auraient pas lieu d'être si, au lieu de juger à partir de propos rapportés, chacun pouvait connaître la source.

L'école doit être rendue plus « visible ». Le pays a besoin que s'effectuent de nouvelles synthèses « en avant ».

Pour que chacun puisse juger sur pièces, j'ai rassemblé ici les textes de mes principales interventions de 1984. J'espère contribuer ainsi à faire avancer un débat essentiel.

JEAN-PIERRE CHEVÈNEMENT.

# I

# L'égalité devant la connaissance

De toutes les formes de l'égalité, l'égalité devant la connaissance est aujourd'hui la plus importante, car elle détermine presque toutes les autres : l'égalité sociale, l'égalité économique ou l'égalité civique. C'est seulement lorsque les Français ont des chances égales d'accéder au savoir qu'on peut les dire égaux devant le choix d'un métier, l'exercice de leurs droits, le monde de la culture ou celui de la consommation des biens.

Mais sachons aussi que l'intelligence, la compétence et la qualification décident désormais du rang des nations dans le monde. Pour soutenir la concurrence internationale, la France doit impérativement « investir dans la matière grise ». Il revient à l'école de former la masse cultivée et l'élite affinée dont le pays a besoin pour se moderniser. Quand la France néglige d'instruire un seul de ses enfants, elle compromet à la fois son intelligence, son avenir et sa richesse.

Aussi, pour réussir, la République et son école ont l'obligation de garantir à *tous* les jeunes un enseignement de qualité. Cela signifie, d'abord, *assurer le plus tôt possible l'acquisition des savoirs fondamentaux*. Savoir lire, écrire et compter au sortir de l'école élémentaire est toujours d'actualité, de même que connaître dans ses rudiments l'histoire, la géographie et les lois de son pays. On ne fait pas une nation moderne avec des analphabètes et des ignorants. Aussi, plus que tout, seront encouragées la lecture et la maîtrise de l'expression écrite, fondements de la pensée logique et du raisonnement construit (voir « Savoir lire... », p. 69).

En second lieu, un enseignement de qualité est un enseignement adapté aux exigences de la société contemporaine. Il prépare les jeunes à exercer un métier et à occuper une place dans la cité moderne. C'est en fonction de ce double objectif — former des travailleurs *et* des citoyens — que les contenus et les programmes d'enseignement seront définis. L'école doit être en mesure de diffuser une culture proprement moderne, c'est-à-dire à la fois générale, scientifique, technique et professionnelle (voir « Le fer de lance... », p. 34).

Enfin, un enseignement de qualité requiert des maîtres bien formés, pédagogues et compétents, aptes à suivre la double évolution du public et des disciplines scolaires. La tâche est vaste. Il faut à la fois élever la qualification initiale des enseignants et doubler le temps consacré à leur formation continue. C'est dans cette optique qu'a été arrêté un plan de formation continue destiné aux professeurs enseignant en collège, tant il est vrai que le collège cristallise toutes les difficultés de notre système scolaire. 100 000 enseignants, sur un total de 160 000, en auront bénéficié d'ici à 1990 (voir « Bâtir le collège de la réussite », p. 49).

Pour réussir, la République et son école ont également l'obligation de *lutter contre l'échec scolaire par des moyens appropriés*. Autrement dit, il faut donner *plus* à ceux qui ont *moins*, et corriger à l'école les inégalités inscrites dans l'ordre social.

Ces moyens appropriés, à mettre au service des élèves en difficulté, s'appellent « pédagogie différenciée » et « groupes de niveau par matière » ; « zones d'éducation prioritaires » et « études surveillées » ; « revalorisation de l'enseignement technique » et « développement de la scolarité préélémentaire ».

Il n'est pas bon non plus que les jeunes qui quittent le collège après la troisième le fassent sans diplôme, ajoutant ainsi au handicap d'une scolarité écourtée les inconvénients d'une scolarité non validée. Sous une forme ou sous une autre, il faudra donc rétablir un brevet des collèges (voir « Bâtir le collège de la réussite », par exemple, ou encore « Donner plus à ceux qui ont moins », p. 78).

L'égalité devant les connaissances, c'est l'égalité de *tous* devant *toutes* les connaissances. Les bienfaits de l'école sont dus à tous ceux qui vivent sous la loi de la République : aux enfants, bien sûr, mais aussi aux adultes ; aux lents et aux rapides ; à ceux que la société a défavorisés ; à ceux que la nature a handicapés. L'école ne peut accepter en son sein une filière de l'échec. Elle a le devoir de redistribuer à l'ensemble des citoyens la somme des savoirs que la nation lui a remis en dépôt. Ainsi renouera-t-elle avec la démarche encyclopédique, qui consiste à diffuser les lumières pour moderniser le pays.

## 1. L'école de la République*

*« Après votre nomination à l'Éducation nationale, vous avez déclaré que vous aviez* « choisi ce poste ». *Après ce qui s'est passé dans ce secteur depuis 1981, faut-il en conclure que vous avez un goût immodéré du risque ?*

— Je vous laisse le soin de l'appréciation. Tout le monde sait, en effet, qu'il s'agit d'une tâche très difficile, mais je suis plus sensible à l'importance qu'elle revêt pour l'avenir du pays qu'à sa difficulté. Sans doute je ne suis pas un « spécialiste » des questions de l'enseignement. Mais faut-il que l'Éducation nationale soit le fait des spécialistes ? Non, elle doit être l'affaire du pays tout entier.

* « Un entretien avec M. Chevènement », *Le Monde*, 28 août 1984. Propos recueillis par Philippe Bernard et Bruno Frappat. (Les intertitres sont de la rédaction du *Monde*.)

*— La vie de l'Éducation nationale a été dominée au cours des derniers mois par l'impossible recherche d'un compromis sur la question scolaire. Vous ne passez pas, aux yeux de vos adversaires, pour un adepte du compromis. N'est-ce pas un handicap ?*

— Le fait de n'être pas sans foi ni loi passe aujourd'hui pour un défaut. Je ne considère pas que dans la vie il faille tout mettre sur le même plan, accepter n'importe quoi. Il y a des valeurs, et par conséquent je chercherai toujours des compromis qui ne mettent pas en cause les principes qui me paraissent essentiels pour la République.

J'ai le désir de me saisir de ce dossier de l'Éducation nationale comme il le mérite : avec passion ; avec le sentiment que rien n'est plus important pour le pays que d'investir dans l'éducation. M. François Mitterrand, président de la République, a souvent souligné que « *la rénovation de notre système éducatif est une des priorités de cette décennie* ».

La matière grise est aujourd'hui notre principale matière première. La cultiver de la manière la plus intensive est la meilleure façon de préparer l'avenir.

Il y a trop de jeunes laissés sur le bord de la route. L'échec scolaire, bien souvent, n'est pas seulement une injustice, c'est aussi un formidable gaspillage. Je constate que, dans la compétition mondiale, les pays qui réussissent sont ceux qui ont investi dans l'éducation. On cite souvent le Japon en modèle mais peu de gens connaissent l'origine de ce qu'on appelle le « miracle japonais » : en 1867, au début de l'ère Meiji, le Japon était depuis longtemps déjà un pays complètement alphabétisé.

On peut se poser la question de savoir si nous sommes tellement bien partis. Regardez les chiffres donnés par l'O.C.D.E. A dix-sept ans, 94 % des jeunes sont aujourd'hui scolarisés au Japon ; 90 % en Allemagne ; 87 % aux États-Unis ; 69 % en France. Un an plus tard, à dix-huit ans, 70 % des jeunes sont scolarisés en Allemagne ; 45 %

en France. A dix-neuf ans, il y a encore 45 % en Allemagne et seulement 30 % en France.

— *Mais on a parlé de tout autre chose cette année ! C'est la querelle privé-public qui a mis tant de monde dans la rue !*

— Au-delà des jusqu'au-boutismes partisans, je veux voir aussi dans l'émotion suscitée par cette querelle un certain regain d'intérêt des Français pour leur école.

Mon prédécesseur avait à cet égard une grande ambition. Il a beaucoup travaillé sur ce dossier comme en maints autres domaines, mais les conditions du débat n'ont pas permis de saisir les véritables enjeux. C'est sans doute à la lumière de la rénovation et du développement de l'ensemble du système éducatif, et d'abord de l'école publique, que cette affaire « privé-public » peut être abordée de la manière la plus positive. Je ferai prochainement, à cet égard, des propositions simples et pratiques... (voir p. 180).

— *Il y aura donc un projet de loi Chevènement comme il y a eu un projet de loi Savary ?*

— Je n'ai rien dit de tel.

— *Le Parlement sera quand même saisi ?*

— Que le Parlement soit saisi, dans une démocratie, ce serait la norme.

— *Que pensez-vous des récentes déclarations sur la nécessité d'épousseter la législation actuelle, sans aller plus loin ?*

— Tout ce qui va dans le sens de la paix civile me réjouit.

## *La laïcité est une notion tout à fait moderne*

— *La querelle scolaire a braqué les feux de l'actualité sur la laïcité. Cette notion a-t-elle besoin d'être rénovée ?*

— Pour prendre un nouveau départ, la laïcité n'a besoin que de se ressourcer. La République est laïque. Cela veut dire que le débat démocratique est inséparable de l'éducation des citoyens. Il n'y a pas de démocratie qui ne repose en dernier ressort sur l'échange raisonné des arguments, sur la recherche commune de la vérité, sur le respect de l'autre, ce qui implique une éducation des choix. La laïcité n'est pas d'abord faite d'abstention ; elle est chargée de valeurs positives.

Revenir aux sources de la laïcité, c'est revenir à ce que disait Jean Macé : *« C'est le combat contre l'ignorance. »* Il comporte trois dimensions ; d'abord, l'affirmation des valeurs de la connaissance, du sens de la rigueur et de la liberté de l'esprit ; ensuite, un souci de justice sociale, la volonté d'ouvrir aux classes populaires les chemins de la connaissance et de la réussite individuelle et collective ; enfin, le respect scrupuleux de la liberté de conscience, et d'abord chez l'enfant.

L'esprit de la laïcité, c'est l'esprit de la recherche, au service de la démocratie ! C'est vous dire qu'à mes yeux la laïcité est une notion tout à fait moderne. Prenez une initiative comme la *Nouvelle Encyclopédie*, que j'avais confiée à Dominique Lecourt, il y a deux ans, en tant que ministre de la Recherche et de la Technologie : c'est cela le combat laïque aujourd'hui. Quel citoyen attaché aux valeurs de la démocratie pourrait ne pas le faire sien ? Je ne vois pas de plus belle cause et de plus mobilisatrice que de faire reculer l'ignorance, de donner à tout notre peuple le plus large accès au savoir et à la culture. C'est la seule façon de faire reculer les nouvelles formes d'obscurantisme, qui, sinon, entraîneraient notre pays vers la régression et vers un type inédit de sous-développement.

— *Quelles nouvelles formes d'obscurantisme ?*

— L'illettrisme, bien sûr. Mais plus généralement l'irrationalisme qui va avec l'inculture. Il suffit de voir qu'en France le nombre des voyantes dépasse de très loin le nombre des psychologues ! Voyez les progrès de certaines sectes, et vous mesurerez à quel point l'esprit critique a reculé.

Nous vivons une crise qui n'est pas seulement économique, mais aussi culturelle et morale. L'exigence à l'égard de la vérité, dans trop de milieux, a tendance à se relâcher.

— *Cet affaiblissement, est-ce que vous l'appliquez aussi au système scolaire ?*

— L'école publique a toujours été, dans notre pays, un des hauts lieux des valeurs de probité intellectuelle et morale. A elle la belle tâche de restaurer, à tous les niveaux, le sens de la rigueur. Le problème, à mes yeux capital, c'est celui de la qualité de l'enseignement. J'entends l'affermir dans l'école élémentaire et conduire la rénovation des collèges dans cet esprit.

— *Plusieurs ouvrages récents ont posé ce problème en prônant la conception classique de l'école instrument de transmission des connaissances avant tout et, par ce biais, se sont attaqués aux apôtres de la pédagogie nouvelle et du bonheur à l'école.*

— Je ne veux pas entrer dans cette querelle entre les anciennes et les nouvelles pédagogies. L'heure est venue de synthèses positives. Une seule chose compte à mes yeux : c'est le résultat. Les mouvements pédagogiques qui mobilisent des énergies volontaires et bénévoles considérables et qui s'inscrivent dans la meilleure tradition de l'école républicaine apportent un précieux concours à l'Éducation nationale.

Il ne suffit pas de bien connaître une discipline pour bien l'enseigner : la pédagogie est un art. Mais il est impossible d'enseigner convenablement ce qu'on ne maîtrise pas. La maîtrise d'une discipline — y compris dans ses évolutions les plus récentes — n'est pas suffisante, mais elle est absolument nécessaire au bon enseignement. L'école ne peut pas tout faire, et l'on a quelquefois tendance à trop lui demander : l'école doit d'abord servir à transmettre des connaissances. Naturellement, il est souhaitable qu'elle le fasse dans de bonnes conditions et que les enfants s'y épanouissent.

Dans une histoire de l'éducation que je lisais récemment, je voyais une photo qui montrait deux enfants d'aujourd'hui s'acheminant vers l'école dans la brume du matin. La légende — ça m'a un peu amusé — disait : *« Les enfants vont à l'école, leur apportera-t-elle réussite et promotion ? Ce n'est pas sûr, mais ce serait sans doute moins grave s'ils s'y sentaient heureux. »*

Je crains de ne pas être d'accord : j'ai une idée exigeante du bonheur. C'est en permettant à chacun d'avoir un métier gratifiant que l'école rendra vraiment les enfants heureux. Aucun apprentissage ne va sans effort ni motivation. Il y faut l'amour de la connaissance et aussi la sanction du bon travail, le respect de la compétence et de l'autorité du maître. Sans maîtrise du savoir élémentaire il n'y a pas de formation professionnelle valable, et les reconversions sont rendues ensuite plus difficiles. Une bonne formation générale est la condition d'une bonne adaptabilité aux situations les plus diverses.

Il faut donner aux enfants des milieux populaires les moyens de s'accomplir pour réussir leur vie. Ce sera au bénéfice du pays tout entier. Enfin, il faut faire en sorte que l'accès aux plus hauts degrés de l'enseignement supérieur soit ménagé à tous ceux qui en ont la capacité. La réussite individuelle et la réussite nationale sont inséparables. L'élitisme républicain est aussi une exigence profondément démocratique. Nos universités doivent être, chacune dans son domaine, des pôles d'excellence mondialement connus, par la qualité de leurs recherches, la valeur de leur enseignement et leur capacité d'entraînement dans les domaines de la culture et de la technologie. Avec le secrétaire d'État spécialement chargé de ce secteur, j'entends bien y travailler.

## *Les trois priorités*

— *Pour cette* « école de la République » *dont vous avez parlé, quels sont vos priorités, vos atouts ?*

— Les priorités de mon action s'inscrivent naturellement dans le cadre du programme défini par le premier ministre : moderniser et rassembler.

Tout d'abord, l'Éducation nationale doit être le fer de lance de la modernisation. Les pays qui maîtriseront la mutation technologique en cours, qui gagneront la bataille économique mondiale, sont ceux qui auront su se doter d'un système éducatif capable de valoriser au mieux la ressource humaine. J'ai été frappé, en recevant les syndicats et les représentants du patronat, de voir que cette exigence d'une formation de base est une exigence générale. On ne peut pas donner une bonne formation professionnelle à des gens qui ne maîtrisent même pas leur langue maternelle !

En second lieu, l'école doit rassembler les jeunes Français dans la nation. Il ne lui incombe pas seulement de former des travailleurs qualifiés mais aussi des citoyens responsables. C'est pourquoi je m'attacherai à ce que l'école apprenne à faire mieux connaître et aimer notre langue, notre culture et notre histoire.

Tels sont les deux grands axes de mon action. Quant aux priorités, j'en vois trois :

*Première priorité :* la formation des maîtres. Les maîtres compétents sont la première condition d'un enseignement de qualité. Dès cet automne, j'aurai l'occasion de préciser les mesures à prendre pour la formation des instituteurs (voir p. 60). D'autres dispositions interviendront ensuite pour les enseignants du second degré.

*Deuxième priorité :* l'école élémentaire. C'est la base de tout l'édifice ; c'est ici que tout commence. Il faut que l'école élémentaire soit en mesure de donner aux enfants les connaissances de base, la lecture, l'écriture, la grammaire, l'orthographe, le calcul, des notions d'histoire et de géographie, en particulier de la France.

*Troisième priorité : l'ouverture de l'éducation nationale sur la recherche et sur l'économie, et d'abord par la promotion des filières scientifiques et techniques.* La création d'un secrétariat d'État à l'enseignement technique et technologique manifeste la volonté gouvernementale d'impulser vigoureusement ce secteur. L'introduction de la technologie dans les programmes des collèges vise à faire enfin de la culture technique une partie intégrante de la culture des générations nouvelles. Par ailleurs, je compte lancer prochainement une vaste consultation permettant la mise en cohérence, autant que faire se peut, des filières de formation avec l'évolution des technologies et des filières productives d'avenir (voir p. 106). Il me semble important de faire participer les acteurs de l'enseignement et leurs partenaires naturels — chercheurs, professionnels, syndicats, collectivités locales — à une réflexion sur le contenu des formations et des diplômes. Cette réflexion devrait permettre la définition de familles de métiers, l'élargissement des formations, la redéfinition de certains diplômes, C.A.P. ou B.E.P. notamment. Elle devrait porter sur les flux de formation, sur la réorientation de ces formations et leur modernisation, avec les changements que cela implique dans les programmes, dans les équipements et dans la formation des maîtres. A l'heure où la France compte plus de deux millions de chômeurs, dont la moitié de jeunes, cette réflexion devrait favoriser le développement de la formation en alternance et de la formation permanente. Cette consultation décentralisée au niveau des académies, des bassins d'emploi et des établissements, devrait favoriser une meilleure connaissance du monde enseignant par le monde de l'entreprise et réciproquement. Comme l'a dit François Mitterrand : *« Il faut se rendre compte que l'entreprise n'est pas l'enfer, ni l'école le cocon. »*

## *Un pays qui dévalorise ses enseignants manifeste des tendances suicidaires*

— *Vous avez parlé des enseignants, il faut aussi leur parler ; certains connaissent un profond désarroi. Le secrétaire général de la F.E.N., Jacques Pommatau, a même récemment déclaré que les enseignants ne savaient plus ce qu'on attendait d'eux. Qu'attendez-vous des professeurs ?*

— Les enseignants ont dans leurs mains l'avenir de la France. Rien n'est plus important dans une société scientifiquement très développée comme la nôtre que la culture de l'intelligence. Un pays qui dévalorise ses enseignants manifeste des tendances suicidaires. Il est fondamental de revaloriser le rôle des enseignants et de leur donner la considération à laquelle ils ont droit. Je m'y attacherai. En retour, naturellement, j'attends d'eux une haute conscience de leurs responsabilités.

— *Ils vous répliqueront par la question des moyens.*

— Je suis sensible à cette question. Le budget de 1985 donnera une priorité incontestable à l'Éducation nationale, même si elle devra aussi prendre sa part des difficultés de l'heure. Mais tout n'est pas dans l'argent, beaucoup est dans la conscience professionnelle, la motivation, l'enthousiasme des femmes et des hommes.

— *Allez-vous orienter l'Éducation nationale vers plus de décentralisation ?*

— Je souhaite que les enseignants se sentent responsables, et la décentralisation doit être un facteur de responsabilisation et de meilleure adaptation des établissements aux différents publics scolaires. Elle doit favoriser le décloisonnement du système éducatif et une meilleure ouverture sur l'environnement (parents d'élèves, collectivités locales, entreprises, établissements culturels, etc.). Dès lors que les missions sont claires, je suis très décentralisateur. L'objectif, je l'ai déjà dit, c'est l'élévation générale du niveau de formation et de qualification des Français. La décentralisation doit aider le service public et les enseignants à relever ce défi.

— *Vous encouragerez les enseignants à prendre plus d'initiatives ?*

— Pour mettre l'école à l'offensive, il faut l'initiative des enseignants : c'est parce que la situation est difficile qu'il faut à la fois l'impulsion d'en haut et l'élan d'en bas !

# 2. Lettre aux personnels enseignants de l'Éducation nationale*

Madame, Mademoiselle, Monsieur,

A l'occasion de la rentrée scolaire, je tiens à m'adresser à vous personnellement.

Je sais ce qu'est le métier d'enseignant. J'en connais les servitudes, mais j'en mesure aussi l'importance, capitale aujourd'hui, pour l'avenir du pays.

Dans l'immense compétition qui brasse les puissances, bouleverse les rôles et les hiérarchies, la France ne restera un pays libre que si elle fait et gagne le « pari de l'intelligence ».

La mutation technologique accélérée, à laquelle l'avance des États-Unis et du Japon nous contraint sous peine d'être vassalisés, nous pouvons la réussir. En effet, la « ressource humaine » en France n'est pas tarie, pour peu qu'ensemble nous sachions la cultiver.

Qu'est-ce qui fait en dernier ressort la force du Japon,

* Lettre du 31 août 1984.

sinon, depuis longtemps déjà, le haut niveau de formation et de qualification atteint par son peuple, son appétit de savoir et sa capacité à se mettre à l'école des autres ?

Et que serait la puissance des États-Unis, sans leur réseau d'universités drainant les meilleurs cerveaux et conférant à la recherche américaine, dans presque tous les domaines, un exceptionnel éclat ?

Nous avons les moyens d'une telle ambition.

Si la science à notre époque bouleverse et renouvelle tous les domaines de l'activité humaine, il n'est pas de bonne recherche ni de bonne économie qui ne procèdent en définitive d'une bonne éducation, et cela, dès l'âge le plus tendre. De ce point de vue, nos atouts restent considérables : notre système éducatif a certes besoin d'être amélioré, rénové et dynamisé, mais il reste la grande force de notre pays. Il est encore un des meilleurs du monde.

La France n'a pas d'avenir si elle ne porte pas toujours plus haut le savoir et la capacité de ses enfants.

C'est la seule réponse au défi du chômage.

La modernisation qui nous permettra de retrouver la croissance et les emplois, par la diffusion du progrès scientifique et technique dans toute la société, requiert un niveau de formation générale plus élevé et davantage de qualifications. Plus que jamais, nous avons besoin de travailleurs compétents, ouvriers, techniciens, ingénieurs, dans l'industrie comme dans les services.

Mais nous n'avons pas seulement besoin de producteurs qualifiés. Parce que les défis du monde moderne ne peuvent être relevés que collectivement, nous devons aussi former des citoyens, des femmes et des hommes dotés d'un sens aigu de leurs droits et de leurs devoirs dans la cité, soucieux du destin de la communauté nationale.

C'est pourquoi, à côté des technologies modernes, il importe également que les jeunes Français apprennent à connaître et à aimer leur langue, leur histoire et leur culture. Les grandes nations d'aujourd'hui, États-Unis, Japon, U.R.S.S., Allemagne, ne négligent pas d'affirmer leur identité nationale.

Cette tâche commande notre avenir. Il n'en est pas de plus noble, ni de plus difficile. Elle est la vôtre. Vous avez entre vos mains notre principale ressource : l'intelligence de notre jeunesse. A vous de la mettre en valeur.

La tradition de notre école est l'une des plus belles qui soient, car l'école a toujours été l'ambition de la République.

Appuyez-vous sur la tradition, mais soyez ouverts à la modernité.

N'oubliez pas que votre tâche principale, c'est l'instruction des enfants qui vous sont confiés, la transmission des savoirs qu'ils doivent apprendre à maîtriser.

Mais apprenez-leur aussi à vivre ensemble et soyez accueillants aux expériences pédagogiques nouvelles, qui permettront à l'école de mieux remplir cette mission.

Le gouvernement accorde à l'école une priorité qui se marquera dans les choix budgétaires, malgré la rigueur des temps. Mais tout n'est pas dans l'argent. Beaucoup dépend de la motivation, de l'initiative et de l'enthousiasme des hommes.

Je sais combien vous êtes attachés à la qualité du service public de l'Éducation nationale. Je mesure les compétences et les efforts qu'exige ce service éminent.

Il faut qu'une plus juste place soit faite aux enseignants dans la nation, à la hauteur de leur responsabilité et de la difficulté grandissante de leur métier.

Cette revalorisation du rôle des enseignants, c'est ensemble que nous l'accomplirons. Comme je compte sur vous pour rénover notre système éducatif et restaurer l'école de la République, vous pouvez compter sur moi pour que vous soit témoignée la considération qui vous est due.

# 3. Le fer de lance de la modernisation : la rentrée scolaire 1984-1985*

Il est de tradition que le ministre de l'Éducation nationale s'entretienne avec les journalistes à l'occasion de la rentrée scolaire et je sacrifie volontiers à cette tradition. Nous parlerons donc de la *rentrée*. Mais comme il y a juste un mois et demi que j'ai pris mes fonctions et que c'est la première fois que je m'adresse officiellement à vous, je vous informerai, si vous le voulez bien, sur les *idées directrices* et les *priorités* de mon action.

Mais je voudrais d'emblée rendre hommage à mon prédécesseur. M. Alain Savary a entrepris, à la tête de ce ministère, une œuvre considérable et d'une telle ampleur qu'elle a touché la quasi-totalité du vaste domaine de l'Éducation nationale. Bien entendu, je prendrai appui sur les acquis de cette action.

## *Une bonne rentrée*

Une rentrée scolaire est le résultat de près d'un an de travail. La rentrée scolaire de 1984 est donc l'œuvre de mon prédécesseur et de l'administration. Et toutes les informations dont je dispose m'inclinent à penser que cette rentrée devrait se faire dans des conditions normales. J'irai d'ailleurs m'en rendre compte sur le terrain, dans une série de déplacements, dans plusieurs régions, ces trois prochains jours, à l'occasion de la prérentrée et de la rentrée des écoles, des collèges et des lycées.

Je pense que cette rentrée se fera dans de bonnes conditions, d'abord parce que le gouvernement a su mainte-

* Conférence de presse, Paris, 4 septembre 1984.

nir, malgré la rigueur, *la priorité budgétaire* à l'Éducation nationale. En 1984, cette priorité ne se traduit pas seulement par une progression du budget de l'Éducation nationale, supérieure à celle du budget civil de l'État (+ 8,9 % contre + 6,3 %). Elle se traduit aussi par des créations d'emplois. Sur un total de 3 355 emplois, les enseignements scolaires bénéficient, pour la rentrée, de 2 330 emplois nouveaux, orientés en priorité sur les collèges et l'enseignement technique. Ces emplois nouveaux sont nécessaires. Il y aura, cette année, 46 800 élèves de plus dans nos établissements qu'en 1983-1984.

De plus, conformément à l'engagement du gouvernement de résorber progressivement l'auxiliariat dans la fonction publique, 11 220 personnels auxiliaires seront, cette année, intégrés dans les corps de P.E.G.C., d'adjoints d'enseignement, de professeurs de C.E.T. et de conseillers d'éducation.

Cette rentrée enfin est l'œuvre d'une *administration* compétente et dévouée qui a toute ma confiance. Je remercie ici tous les personnels et singulièrement les directeurs, les recteurs et les inspecteurs d'académie qui y ont contribué. Je remercie particulièrement Monsieur le directeur des personnels enseignants, qui a présidé un groupe de travail administratif spécialement chargé de préparer cette rentrée. Il a accompli un travail considérable. Préparer une rentrée, ce n'est rien de moins que de mettre, le matin d'un seul jour, 640 000 enseignants en face de 12 300 000 élèves, après avoir répondu à plusieurs dizaines de milliers de demandes de mutations. Dans ces conditions, vous comprenez que même avec un taux d'erreur très faible, il peut se produire, ici ou là, quelques petits retards ou défaillances, certes pénibles pour les enfants et les familles qui en pâtissent, mais qui ne remettent en cause ni la conscience professionnelle des personnels de l'administration ni la qualité de leur travail. En tout état de cause, nous veillerons comme par le passé à ce que les défaillances soient corrigées très rapidement. Il faut aussi que le comprennent les parents d'élèves dont je connais l'attachement au bon fonctionnement de l'école.

## *Le rôle primordial des enseignants*

Pour assurer le succès de cette nouvelle année scolaire, j'ai confiance dans *les personnels enseignants* et *non enseignants* des établissements auxquels je viens d'écrire personnellement. Le corps enseignant exerce un métier difficile qui requiert une grande compétence et beaucoup de dévouement. On ne sait pas assez que c'est un travail pénible, nerveusement et psychologiquement. On ne se rend pas toujours compte du rôle primordial des enseignants dans la vie et pour l'avenir d'une nation. Les enseignants ont entre leurs mains les générations futures. Une nation qui les mépriserait manifesterait des tendances suicidaires. Je m'attacherai à ce que leur soit témoignée dans notre société la considération qui leur est due.

Cette rentrée s'accompagne de plusieurs faits nouveaux. J'en citerai quelques-uns parmi les plus significatifs :

— l'ouverture de 1 400 classes d'écoles maternelles ;

— la rénovation des collèges, qui commence, cette année, dans 10 % d'entre eux, avec, notamment, l'introduction d'un enseignement technologique, des modalités nouvelles de groupement des élèves, et la mise en place d'un suivi individuel des élèves ;

— l'ouverture de 16 000 à 20 000 places nouvelles dans l'enseignement technique et professionnel, en liaison avec l'effort d'investissement des régions, soutenue par la création de 460 emplois dans les L.E.P., 773 dans les lycées d'enseignement général et technique, et l'octroi à ces établissements d'heures supplémentaires équivalant à 555 emplois ;

— la poursuite du plan d'équipement des établissements scolaires en matériels de micro-informatique : en 1984, le nombre des micro-ordinateurs passera de 12 000 à 35 000 ; nous nous acheminons ainsi vers l'objectif d'équiper tous les lycées en 1986, tous les collèges et les circonscriptions scolaires en 1988, avec, ici encore, le soutien des collectivités locales ;

— ces efforts d'équipement s'accompagnent, depuis cette année, du recours aux moyens de communication de masse ; par la diffusion d'émissions d'initiation à l'informatique, coproduites par l'agence de l'informatique et TF 1 ;

— l'augmentation à la rentrée de 1984 de + 11 % du budget des bourses du second degré, qui s'établit à 2,4 milliards de francs ;

— enfin la décentralisation des transports scolaires, effective à partir du 1er septembre 1984, pour lesquels les ressources ont été transférées aux départements et aux autorités compétentes pour les transports urbains.

## *A l'écoute des parents*

La liste serait longue des dispositions nouvelles prises cette année.

J'ajouterai seulement que je partage les préoccupations de nombreux parents d'élèves à l'heure de la rentrée scolaire. Je pense en particulier :

— aux *frais de la rentrée* : je m'adresse aux enseignants pour qu'ils ne demandent aux parents que les fournitures indispensables et permettent, autant que possible, d'en étaler l'achat au cours de l'année ;

— à *l'information* des parents sur toutes les questions qu'ils peuvent se poser sur la rentrée et, notamment, sur les solutions qu'ils peuvent trouver dans des situations exceptionnelles. Dans tous les rectorats et dans toutes les inspections académiques, un service téléphonique « spécial rentrée » a été mis en place ;

— enfin à la *sécurité* des élèves dans les établissements

scolaires. Beaucoup dépend en cette matière de la bonne application des consignes de sécurité. Je viens d'adresser une circulaire à mes services extérieurs sur ce point.

Pour le succès de notre action, je compte sur les parents d'élèves. Les nouvelles dispositions concernant l'organisation des établissements leur permettront, dans un an, de jouer un rôle plus actif dans la vie scolaire. Je veillerai à ce qu'ils soient informés sur ce que j'entreprends, sur l'orientation de leurs enfants, sur ce qu'on attend de leurs enfants. L'action des enseignants est, à cet égard, décisive.

## *Le fer de lance de la modernisation*

Au centre de la compétition économique internationale, il y a le combat que livre chaque nation pour maîtriser la mutation technologique à laquelle nous sommes confrontés. Tel est le sens de l'œuvre de *modernisation* dans laquelle notre pays est engagé. Réussir la modernisation est, pour nous, une affaire de survie.

Dans son discours d'ouverture du débat de politique générale à l'Assemblée nationale, le premier ministre a clairement désigné la formation comme l'un des trois piliers de la modernisation, avec la recherche et l'investissement.

Comment, en effet, ne pas être sensible au fait que les pays qui remportent les plus grands succès technologiques et économiques sont précisément ceux qui ont su investir dans l'éducation ? Au-delà de l'âge de 16 ans, qui est, en France, l'âge légal de la fin de scolarité, à 17, 18 et 19 ans, les jeunes de pays comme l'Allemagne, les États-Unis, le Japon sont scolarisés en plus grand nombre que les nôtres (*cf.* pp. 23-24).

On voit, dans ces conditions, l'immense effort que nous devons faire : élever le niveau de formation des Français, par la formation initiale et par la formation permanente ; élever leur niveau de qualification, par la formation générale et par la formation professionnelle, car l'une ne va pas sans l'autre.

Dans cet effort, l'Éducation nationale est appelée au premier rôle. *L'Éducation nationale doit être le fer de lance de la modernisation.*

Mais nous ne devons pas former seulement des travailleurs qualifiés, nous devons aussi former, selon l'expression de Jaurès, « *des hommes*, c'est-à-dire, en France, *des citoyens* ».

Car à quoi servirait de former des ingénieurs compétents, des chercheurs toujours plus inventifs, des techniciens et des ouvriers hautement qualifiés, s'ils n'étaient pas attachés à mettre cette compétence au service de leur pays et d'une idée plus grande qu'eux ? Dans le succès des pays que j'évoquais à l'instant, comment ne pas voir aussi la part du sentiment très vif, chez leur peuple, de l'identité nationale ? Et comment imaginer notre propre succès, si nos enfants ne connaissent pas ce qui nous unit, et n'en savent pas le prix ?

C'est pourquoi j'attacherai la plus grande importance à ce que tous les jeunes, dès l'enfance, apprennent à mieux connaître et aimer leur langue, leur culture et leur histoire ; à ce qu'ils sachent aussi reconnaître et respecter les valeurs de la raison, guide de l'esprit critique, de la tolérance, condition du débat ; à ce qu'enfin ils cultivent l'amour de la connaissance, qui est le fondement de la laïcité. C'est cela aussi notre héritage, que nos aïeux ont su, avec tant de bonheur, diffuser à travers le monde comme autant de valeurs universelles.

## *L'élitisme républicain*

Pour atteindre des objectifs aussi ambitieux, mais qui sont à notre portée, il nous faut un enseignement de qualité. Tel est d'ailleurs la tâche première de l'école. On a quelquefois tendance à trop lui demander. L'école ne peut tout faire. Elle n'est pas responsable de tout le destin des enfants et des jeunes qu'on lui confie. Elle est d'abord comptable de leur instruction. Certes, elle ne peut le faire sans tenir compte de leurs caractéristiques sociales, culturelles, voire individuelles. Mais elle doit concentrer ses efforts, ses énergies et ses compétences sur ce que la nation attend d'elle : l'enseignement.

Il importe, à cet égard, de rappeler quelques notions de bon sens : un maître a naturellement besoin d'autorité dans la classe ; un élève n'apprend pas sans effort ; il ne sera pas motivé dans son effort, si ses bons résultats ne sont pas récompensés.

Ces notions judicieusement appliquées, bien loin de nuire, doivent concourir à l'épanouissement des élèves. L'espoir légitime des parents, l'intérêt des enfants et des jeunes, c'est que l'école les prépare à trouver une place dans la société, c'est qu'elle leur permette d'y trouver, plus tard, un métier gratifiant. Pour atteindre ce but, rien ne vaut d'abord une bonne instruction.

La recherche constante d'un enseignement de qualité fera certainement son profit des progrès de la pédagogie et de la didactique des disciplines. Ceux-ci doivent simplement être jugés sur les résultats.

J'ajoute que l'Éducation nationale doit aussi prêter attention à la formation des meilleurs. Elle doit être en mesure de former des ingénieurs compétents, des chercheurs toujours plus inventifs, des cadres efficaces et des spécialistes éminents en tous domaines, que le monde puisse continuer à nous envier.

Mais il ne faut pas seulement un enseignement efficace. Il nous faut aussi un enseignement démocratique, qui donne à chacun, selon ses capacités, les plus larges possibilités de réussite et d'accès au savoir et à la culture.

Pourquoi ? D'abord parce qu'il y va de la *justice sociale*. J'ai toujours pensé que l'inégalité culturelle était, de toutes les inégalités, la plus scandaleuse. Elle est aussi la plus difficile à réduire. Je sais que beaucoup de familles qui connaissent la dureté des temps, qui ont une vie difficile, mettent tout leur espoir dans leurs enfants. Or, en France, l'école est le premier, et souvent, le seul moyen de la promotion sociale. De toutes les tâches de l'école, c'est sans doute la plus noble et la plus exaltante.

Je l'ai déjà dit : l'élitisme républicain est une exigence profondément démocratique.

Ensuite parce qu'il y va de *l'intérêt du pays*. La matière grise est notre seule ressource. L'intelligence de notre peuple est notre bien le plus précieux. Nous ne pouvons nous permettre d'en négliger la moindre parcelle.

C'est pourquoi j'accorderai une attention particulière :

— à la lutte contre l'échec scolaire, dès l'école élémentaire ;

— aux classes d'accueil pour les élèves en difficulté ;

— aux zones d'éducation prioritaires ;

— enfin, et surtout, aux lycées d'enseignement professionnel, depuis trop longtemps parents pauvres de l'Éducation nationale.

Il nous faut enfin un enseignement *ouvert sur l'extérieur*, c'est-à-dire, dans mon esprit, d'abord sur la *vie économique* et *l'entreprise*.

Le décloisonnement du monde de la formation et de son environnement économique doit s'opérer par l'amont, vers la recherche, et par l'aval, vers l'entreprise. Loin de perdre sa capacité d'élaboration et de transmission des savoirs fondamentaux, loin de mettre en péril sa fonction de formation générale, l'école exercera l'une et l'autre avec plus d'exigence et plus de responsabilité, si elle sait s'ouvrir ainsi sur l'extérieur. Elle tirera un grand bénéfice de l'expérience de la vie active.

L'effort d'ouverture et de décloisonnement que j'ai entrepris pour la recherche, je souhaite le poursuivre.

Au reste, beaucoup a déjà été fait dans ce sens, beaucoup plus qu'on ne croit. Grâce à la formation permanente, des liens fructueux ont été tissés entre, d'une part, des lycées d'enseignement professionnel, des lycées techniques, des I.U.T., des départements d'universités et des grandes écoles et d'autre part des entreprises. Ils en tirent des bénéfices mutuels. Il faut que cela soit mieux connu et que toutes les voies soient explorées pour rapprocher l'Éducation nationale et le monde économique.

Le choix des priorités de mon action prend en compte plusieurs données :

— d'une part, l'action de mon prédécesseur, qui a ouvert de nombreux et vastes chantiers ;

— d'autre part, les engagements du IX$^{e}$ Plan, inscrits dans le programme prioritaire d'exécution n° 2 et que je vous rappelle : la formation des formateurs ; la rénovation et le développement des enseignements techniques et professionnels ; la rénovation des collèges ; la rénovation du premier cycle de l'enseignement supérieur ;

— enfin, et surtout, la politique générale du gouvernement — moderniser et rassembler — à laquelle le département que je dirige est appelé à apporter une contribution de premier ordre.

Quatre points me paraissent particulièrement importants à cet égard :

## *La formation des maîtres*

La première condition d'un enseignement de qualité, c'est qu'il dispose de maîtres bien formés. Or, dans le passé, les gouvernements ont fait face à la montée démographique et à la démocratisation du second degré sans prêter assez de soin au recrutement des maîtres. Les personnels ne sont pas en cause. Ils doivent de toute façon, quelle qu'ait été leur formation initiale, s'adapter à l'évolution du contenu et des méthodes d'enseignement. Tous les enseignants doivent disposer d'une solide maîtrise de la ou des disciplines qu'ils enseignent et d'une formation professionnelle incluant la didactique de leur discipline.

La disproportion entre le nombre des enseignants en exercice et celui des enseignants recrutés chaque année m'amènera à privilégier la *formation continue* des maîtres. L'Éducation nationale doit faire en la matière un effort particulier. En 1981, elle dépensait à cette fin seulement 1,5 % de sa masse salariale, alors que les entreprises y consacrent en moyenne 2 %, et les grandes entreprises de service, 5 à 6 %. Cependant, elle peut compter sur la conscience professionnelle de ses personnels. Cet été, 4 000 enseignants ont suivi volontairement un stage de formation continue. Je vous rappelle que le IXe Plan a fixé un objectif à son terme : 550 000 semaines de formation permanente pour les maîtres, au lieu de 260 000 en 1982-1983. Il appartiendra aux écoles normales, aux universités et aux autres centres de formation de jouer là tout leur rôle, avec le concours des missions académiques.

Quant à la *formation initiale*, je prendrai des mesures précises sur l'organisation des écoles normales d'instituteurs et sur le contenu de la formation qu'elles dispenseront. Le gouvernement a d'ores et déjà décidé qu'à partir de 1986, les élèves-instituteurs seront recrutés à l'issue d'un D.E.U.G. préparé dans les universités et suivront ensuite un deuxième cycle à finalité professionnelle. La durée de la formation des instituteurs sera ainsi portée à quatre ans après le baccalauréat.

Dans le courant de l'année prochaine, je prendrai d'autres dispositions pour l'organisation et le contenu de la formation des professeurs de collèges et pour la formation des professeurs de lycées. Une attention particulière sera portée aux professeurs de l'enseignement technique.

Dans ce domaine de la formation professionnelle des maîtres, mes principes seront les suivants :

— adapter la formation aux contenus nouveaux de l'enseignement ;

— intégrer les acquis positifs et vérifiés de la recherche pédagogique, particulièrement pour les instituteurs et les professeurs de collèges ;

— associer pleinement l'université à la formation de tous les maîtres ;

— privilégier le recrutement par la voie du concours anonyme, qui est la voie la plus juste et la plus démocratique.

## *L'école élémentaire*

L'école élémentaire est la base de tout l'édifice de l'Éducation nationale. Après l'école maternelle, qui est un lieu de socialisation et le terrain, par excellence, de l'éveil, l'école élémentaire remplit l'irremplaçable fonction d'apprentissage des savoirs fondamentaux.

C'est à l'école que se décide souvent le destin d'un individu. C'est à l'école que l'on peut le plus utilement combattre l'inégalité sociale. L'école doit retrouver l'esprit de la promotion individuelle et collective que chaque instituteur doit avoir à cœur de cultiver.

Depuis 1982, le gouvernement a déjà beaucoup fait pour l'école. Il a beaucoup fait pour les instituteurs. Ce n'était d'ailleurs que justice.

Il reste à modifier les contenus et à organiser les programmes de l'enseignement. C'est chose faite pour l'histoire et la géographie. D'ici à la fin de l'année, en tenant compte des résultats des travaux des commissions mises en place par mon prédécesseur pour réfléchir sur le contenu des enseignements, je prendrai des dispositions pour que, dès la rentrée 1985, l'enseignement élémentaire comprenne, de façon progressive et raisonnée : la lecture et l'écriture, le calcul, la langue française, c'est-à-dire l'orthographe et la grammaire, la géographie, particulièrement celle de la France, l'histoire, particulièrement celle de la France, l'instruction civique, des éléments de sciences de la nature et de la technologie.

En association avec le directeur des Écoles, et sur la base des travaux des commissions, l'inspection générale de l'Éducation nationale, qui a la mission de garantir la valeur de l'enseignement, sera chargée de l'élaboration des nouveaux programmes. Je veillerai à ce que les instructions pédagogiques soient simples et claires.

Au cours de l'année prochaine, d'autres instructions seront publiées, progressivement, pour les collèges et les lycées, en vue d'une application pour les rentrées de 1985 et 1986.

Dans cet exercice, j'agirai en sorte qu'à côté des disciplines intellectuelles, dans le souci d'un développement équilibré de l'esprit, du corps et de la sensibilité, toute leur place soit faite à l'éducation physique et à l'éducation artistique, y compris, le cas échéant, en proposant des modifications des rythmes scolaires.

## *L'enseignement technique et technologique*

La France manque d'ouvriers qualifiés, de techniciens et d'ingénieurs.

A la source de ce défaut, il y a un mépris injustifié de la *culture technique*. D'où l'importance, dans la rénovation des collèges, de la création d'un enseignement technologique de deux heures hebdomadaires pour tous. C'est seulement en réhabilitant la culture technique, en en faisant un élément de la culture générale, qu'on changera la perception souvent négative que les jeunes, les parents et les enseignants ont encore de l'enseignement technique et professionnel.

A l'heure où la priorité est donnée, dans tout le pays, à la maîtrise des technologies, il faut favoriser le recrutement, par les L.E.P., d'élèves qui ont la vocation des métiers techniques. Les difficultés dans l'enseignement général doivent cesser d'être un critère d'orientation vers l'enseignement technique. La création, auprès de moi, d'un secrétariat d'État à l'enseignement technique et technologique, reflète la volonté du gouvernement d'accorder à cet enseignement l'attention qu'il mérite.

Dans le prolongement du plan de rénovation de l'enseignement technique adopté par le gouvernement dès janvier 1982 et afin de revaloriser l'enseignement technologique, d'accroître son efficacité et son attrait, j'adopterai dans les mois qui viennent les dispositions suivantes :

— *Recomposition des C.A.P. et des B.E.P. par familles de métiers,* pour que les élèves des L.E.P. acquièrent une formation polytechnique, propre à leur permettre d'assurer leurs reconversions professionnelles ultérieures. Dans ce but, j'ai demandé aux recteurs d'organiser, dans leur académie, à l'échelon de l'établissement, de la ville ou du bassin d'emploi, une large consultation visant à mettre en cohérence les filières de formation et les filières de production. Des conclusions devront être tirées à l'échelon national au printemps. Parallèlement, je demanderai aux commissions professionnelles consultatives et au comité interprofessionnel consultatif d'accélérer le rythme de leurs travaux et d'y mettre plus de hardiesse.

— *Développement de l'alternance.* La formation alternée n'est pas une formation au rabais. Nos meilleurs médecins, nos meilleurs fonctionnaires et, souvent, nos meilleurs techniciens supérieurs sont formés en alternance. Il doit en être de même pour nos ouvriers qualifiés. La loi du 24 janvier 1984 sur la formation professionnelle ouvre à cet égard les perspectives. Je me rapprocherai de mon collègue chargé du travail, de l'emploi et de la formation professionnelle pour que l'Éducation nationale y prenne sa part.

— *Multiplication de classes-passerelles entre les L.E.P. et les lycées techniques.* Il s'agit de faire en sorte que le C.A.P. ou le B.E.P. ne soit pas un butoir mais qu'il puisse être aussi un tremplin vers le baccalauréat de technicien ou vers d'autres filières du second cycle long.

Nous avons d'autre part à faire face à un phénomène

grave, parce qu'à contre-courant des besoins du pays : la stagnation, voire la diminution du nombre des jeunes entrant dans les filières scientifiques et techniques. Il importe, à l'inverse, d'élargir le recrutement dans ces filières, notamment pour les jeunes filles. J'étudierai rapidement les moyens d'y parvenir, y compris, si c'est nécessaire, l'allégement des programmes excessivement lourds, par exemple.

Enfin, je poursuivrai l'augmentation de la capacité d'accueil des I.U.T. et des sections de techniciens supérieurs ainsi que leur modernisation. Quant aux écoles d'ingénieurs, il conviendrait qu'elles ouvrent plus largement leurs portes aux bacheliers de l'enseignement technique.

## *La formation permanente*

L'Éducation nationale doit apporter une plus grande contribution à la *formation permanente* des Français. C'est là ma quatrième priorité.

Depuis 1981, le gouvernement a consacré des moyens sans précédent à cet objectif : le budget de la formation professionnelle aura presque doublé en quatre ans. De leur côté, les entreprises augmentent leurs dépenses de formation professionnelle, au-delà de l'obligation légale, à un rythme supérieur à celui de la croissance de leur masse salariale. Chaque année, ce sont trois millions de Français qui suivent un stage de formation professionnelle dans le cadre de la formation permanente. L'Éducation nationale ne peut rester à l'écart d'un tel mouvement, qui est appelé à prendre toujours plus d'ampleur. Elle a là le moyen de valoriser son immense potentiel humain et matériel. Elle y trouvera aussi l'occasion de multiplier ses liens avec les entreprises.

Tous les ordres de l'enseignement devraient contribuer à la formation permanente, depuis les écoles qui pourraient participer à des programmes de mise à niveau d'ouvriers non qualifiés en français et en mathématiques, jusqu'aux grandes écoles et aux universités qui organisent déjà des cycles « post-D.U.T. », permettant à des techniciens supérieurs de devenir des ingénieurs, en passant par les L.E.P. et les lycées techniques. L'obtention de diplômes par unités de valeurs capitalisables est une procédure parfaitement adaptée à la formation permanente. Le chemin est déjà largement frayé. Il doit être encore élargi et devenir une voie commune. Les délégués académiques à la formation continue, les G.R.E.T.A., les établissements, jouissant d'une autonomie accrue, doivent prendre toutes initiatives en ce sens.

*
* *

L'action en matière de formation et d'éducation s'inscrit nécessairement dans la *longue durée*. J'ai conscience de semer pour l'avenir et je le fais avec le souci de donner immédiatement une impulsion vigoureuse et bien orientée, mais sans impatience. Il suffit de rappeler la durée d'une formation initiale et celle de la carrière d'un enseignant pour prendre la mesure de la modestie et tout à la fois de l'ambition qui s'imposent. Mais je suis convaincu qu'on ne pourra mobiliser ces générations de jeunes et d'enseignants, et au-delà, toute la société, dans l'effort de formation qui est aujourd'hui requis, sans que se dessine, aux yeux de tous, une claire vision des missions de notre système éducatif à l'horizon du XXIe siècle. Je m'y attacherai.

D'autre part, je tiens à souligner, une fois de plus, que l'action du ministre de l'Éducation nationale s'appuie en toute première instance sur les personnels enseignants. Je ne ferai rien sans eux. Avec eux, tout est possible. Il se trouve que les personnels de l'Éducation nationale ont une *tradition syndicale* dont peu de professions peuvent s'honorer en France. Je m'en félicite. J'aurai à cœur de travailler en étroite relation avec leurs organisations syndicales.

Aux *élèves* eux-mêmes, écoliers, collégiens et lycéens, je veux dire, pour conclure, que l'enseignement de qualité que j'entends mettre à leur disposition exigera d'eux un effort soutenu. Ils devront sans doute y prendre de la peine. Mais ils y trouveront sans tarder la satisfaction du progrès de leurs connaissances et de leur savoir-faire. Ils y gagneront aussi une bonne formation dont ils récolteront plus tard les fruits.

## 4. « Bâtir le collège de la réussite* »

Le collège, tel qu'il est né des réformes successives qui ont suivi la prolongation de la scolarité obligatoire jusqu'à 16 ans, n'a pas encore trouvé son équilibre. Ni les filières, ni le collège unique mis en place par M. Haby n'ont répondu à l'attente des familles et aux nécessités d'une bonne formation de base pour tous les enfants, qui est le rôle premier de l'école.

Le collège reste le maillon sensible de notre système éducatif.

Sans doute faut-il éviter que, par une vision excessivement cloisonnée de notre système de formation, on impute au collège la responsabilité des échecs scolaires. Ainsi, on peut s'interroger sur le nombre beaucoup trop important d'enfants qui quittent l'école élémentaire sans maîtriser suffisamment les apprentissages fondamentaux. De même, on ne peut pas poser le problème du collège sans poser aussi celui de l'enseignement technique, qui accueille plus du cinquième des enfants à partir de la quatrième et, souvent, sur la base d'une orientation mal vécue.

* Conférence de presse du 19 novembre 1984.

En ce sens, la revalorisation de l'enseignement technique et professionnel, qui doit être bâti comme voie originale et continue de réussite, de la quatrième à l'enseignement supérieur, ne saurait être séparée de la nécessaire rénovation des collèges.

Par ailleurs, l'enseignement dans le collège ne doit pas être considéré comme une fin en soi. Faire en sorte que tous les collégiens atteignent le niveau de la troisième est une étape à franchir dans la perspective plus large de faire accéder le maximum d'élèves aux seconds cycles et au-delà.

J'ai déjà eu l'occasion de dire que notre pays souffrait d'une insuffisance de diplômes au niveau du baccalauréat. C'est donc à juste titre que la transformation du collège constitue une nécessité inscrite parmi les priorités du IXe Plan, car le collège est pour tous les enfants un point de passage obligé.

Il importe donc que tous les collèges s'engagent dans cette rénovation d'ici à 1988.

Sans doute est-ce là une œuvre de longue haleine, car il s'agit à mes yeux de construire progressivement le collège de la réussite, c'est-à-dire d'assurer la bonne formation de base de tous les enfants sans laquelle il n'y a ni formation professionnelle réussie ni études supérieures solides.

Pour atteindre les objectifs généraux fixés par M. Alain Savary, je crois utile de mettre l'accent sur trois conditions essentielles :

1. Une *révision des contenus* et avant tout une définition claire et précise de *ce qu'on est en droit d'attendre* des élèves à l'issue de la troisième ;

2. Une *bonne qualification des maîtres,* ce qui suppose non seulement une amélioration de la formation initiale, mais d'abord et avant tout un programme ambitieux de formation continue ;

3. Une *action volontariste en amont* à l'école élémentaire et même à l'école maternelle pour donner à tous

les jeunes entrant au collège les bases indispensables.

C'est dans ce cadre que pourra être progressivement résolu le problème de l'hétérogénéité des classes par une *pédagogie différenciée* comportant la mise en place de groupes de niveaux pour les matières principales, cette méthode impliquant un fort investissement des enseignants et une rigueur de tous les instants.

Une *évaluation* sera donc indispensable aussi bien en ce qui concerne les conditions dans lesquelles les établissements entament le processus de rénovation d'ici à 1988 que dans leur travail quotidien.

Enfin, et en parallèle au collège, je me propose de développer, dans le cadre de la *revalorisation de l'enseignement technique,* des quatrième et troisième expérimentales dans les L.E.P.

## QUELS SONT LES OBJECTIFS ?

### LES CONNAISSANCES À ACQUÉRIR

Elles concernent, bien entendu, toutes les disciplines, et impliquent une redéfinition des contenus, problème que j'évoquerai tout à l'heure.

Sans attendre, il convient de fixer certaines priorités.

**Apprendre aux élèves à maîtriser l'expression écrite et orale, à développer l'aptitude à la communication par une mobilisation générale de tous les enseignants.**

Si les professeurs de lettres ont tout naturellement un rôle prépondérant, tous les autres enseignants doivent apporter leur concours, par exemple en portant une attention particulière à la qualité des exposés oraux et des devoirs des élèves.

De même, le centre de documentation et d'information (C.D.I.) doit être un lieu, complémentaire de la classe, où le collégien est guidé dans le choix de ses lectures et plus simplement sensibilisé à l'intérêt de la lecture : il faut lui en donner le goût. C'est dire que le documentaliste doit faire partie des équipes pédagogiques.

En outre, je me propose de réserver un peu plus d'une centaine des neuf cents emplois prévus au budget 1985 pour recruter de nouveaux documentalistes.

**Développer l'enseignement de la technologie.**

Il doit se substituer à celui de l'éducation manuelle et technique (E.M.T.) ainsi que des options de technologie industrielle (O.T.I.) et de technologie économique (O.T.E.).

Il s'agit d'intégrer la technologie dans notre système culturel et d'introduire au collège une démarche centrée sur l'action et la transformation du milieu.

Dans un premier temps, l'objectif sera d'assurer deux heures hebdomadaires de technologie dans tous les collèges.

Un dispositif de formation continue des enseignants d'E.M.T. a été mis en place dans chaque académie. C'est une œuvre qui ne sera pas achevée en deux ou trois ans, mais un effort important doit être entrepris sans tarder.

Un des volets de cet enseignement concerne le rapprochement avec la science vivante et avec les activités innovantes des entreprises. C'est dire l'importance que j'attache aux P.A.E. « technologie ». Ceux que j'ai pu voir à Tours (voir p. 110) me confortent dans l'idée de les développer en liaison avec les autres ministères concernés (Industrie et Recherche).

**Généraliser l'emploi des technologies nouvelles,** en particulier de l'informatique, conformément à la volonté exprimée par le président de la République lors du colloque national de novembre 1983 sur « L'informatique et l'enseignement ».

**Former des citoyens,** ce qui passe par un véritable enseignement d'éducation civique. J'y reviendrai à l'occasion du colloque organisé par le médiateur de la République le 22 novembre prochain (voir p. 228).

**Donner à toutes les disciplines leur place** dans la formation, en particulier à l'éducation physique et sportive et aux disciplines artistiques.

## LES MOYENS PÉDAGOGIQUES

Face à la grande ambition que j'évoquais au début de mon propos, le collège fondé sur les filières cloisonnées d'une part, et le collège unique d'autre part, ont été des échecs ou en tout cas sont considérés comme tels même si les causes de l'échec scolaire sont beaucoup plus profondes. Inégalités sociales, éclatement de la famille traditionnelle, insuffisance du travail personnel des élèves, recrutement massif de maîtres inégalement formés, inadaptation des contenus, ont conduit à des retards scolaires avérés dès l'entrée en sixième, et aux grandes difficultés auxquelles le collège est aujourd'hui confronté : comment donner à tous les connaissances aujourd'hui indispensables en permettant à chacun d'aller au bout de ses possibilités ? Comment faire que le collège démocratique soit aussi celui de la réussite ?

**Une pédagogie différenciée, en particulier l'emploi des groupes de niveau par matière, est un élément de solution possible à cet aspect du problème.**

Il s'agit de permettre aux plus lents de rattraper le niveau moyen d'exigence dans les matières fondamentales tout en permettant aux plus rapides d'avancer à leur pas.

Cette méthode n'est probablement pas la seule possible. Le choix de la méthode dépend de la taille du collège, de la plus ou moins grande hétérogénéité des classes. Il faut s'adapter au terrain.

En tout état de cause, son emploi nécessite :

— un suivi personnalisé des élèves qui, plusieurs fois dans l'année, peuvent être appelés à changer de groupe ;

— un travail collectif des enseignants ;

— une maîtrise de cette méthode qui implique une évaluation rigoureuse et permanente ;

— une portée circonscrite à des matières où l'écart entre les niveaux de connaissance des élèves est souvent grave : français, mathématiques, première langue vivante. De la sorte, cette forme de pédagogie ne remettra pas en cause l'unité de la classe, l'enseignement des autres matières s'adressant à tous les élèves.

Une telle méthode, qui ne pourra s'affirmer qu'au fil des ans, devra donc être évaluée.

Mais la lutte contre l'échec scolaire doit commencer à *l'école élémentaire.*

S'il est vrai que le collège doit prendre en compte l'hétérogénéité de niveau des élèves, une action en amont s'impose à l'évidence. Elle passe par une mobilisation de l'école primaire pour que tous les écoliers à l'entrée en sixième maîtrisent les apprentissages fondamentaux, et par le développement de l'enseignement pré-élémentaire. C'est ce que j'ai indiqué à Grenoble au sujet de la lecture (voir p. 69). Par ailleurs, une meilleure articulation avec l'école primaire devra être recherchée.

Tous les collégiens, quel que soit le niveau de connaissances à l'entrée en sixième, n'ont pas un développement équivalent, une maturité comparable à l'égard de la pensée logique et du raisonnement abstrait, d'une part, et les mêmes dispositions pour tout ce qui touche le domaine expérimental, d'autre part.

**La rénovation des collèges ne peut donc pas être pensée en dehors de la revalorisation de l'enseignement technique et professionnel qui accueille environ 15 % des enfants à l'issue de la cinquième.**

En conséquence, la rénovation des collèges doit s'accompagner d'un développement des quatrième et troisième expérimentales en L.E.P. Les deux programmes sont parfaitement complémentaires, donc indissociables.

Il faut donner aux élèves de l'enseignement technique une formation de base solide en même temps que nous ferons pénétrer la technologie dans les collèges.

*Valoriser l'effort des élèves* et donc les aider à travailler en dehors du temps d'enseignement dans la classe. Cette priorité répond au double souci :

— d'apprendre à l'élève à organiser son temps et son travail ;

— de soutenir les collégiens les plus défavorisés par la longueur des transports scolaires (jusqu'à deux ou trois heures par jour) et par l'absence d'un milieu familial capable de les aider.

Des périodes de travail individuel ou encadré devront être aménagées sous forme d'études surveillées ou dirigées.

Il ne pourra cependant être répondu à aucun de ces objectifs, à aucune de ces priorités fixées, si un certain nombre de conditions ne sont pas remplies.

## L'ACCOMPAGNEMENT INDISPENSABLE

### ÉLEVER LE NIVEAU DE QUALIFICATION DES ENSEIGNANTS

Il s'agit là d'un objectif prioritaire à mes yeux.

J'ai décidé de prendre trois mesures :

1. **La formation des P.E.G.C. en quatre ans** après le baccalauréat permettra l'acquisition conjointe d'un niveau élevé de connaissances scientifiques et une maîtrise pédagogique satisfaisante.

2. A partir de 1985, **l'année passée dans les centres pédagogiques régionaux** sera progressivement rendue à sa vocation originelle : **la formation professionnelle** ;

3. La possibilité sera offerte aux professeurs actuellement en fonction d'améliorer le niveau de leurs connaissances scientifiques et de maîtriser les méthodes de transmission des savoirs, ce que l'on désigne sous le

vocable de didactique des disciplines. C'est bien évidemment l'intérêt des enseignants mais c'est tout autant celui de l'école.

**J'ai donc décidé de mettre en œuvre un plan ambitieux de formation continue des professeurs de collèges.**

Pour cela, je vais donner des instructions aux recteurs et aux chefs de missions académiques à la formation des personnels pour que soit mis en place un programme comportant :

• Des formations de longue durée (un à deux ans) en faisant appel pour l'essentiel aux services de télé-enseignement universitaire, dans le but de permettre aux enseignants d'avoir une meilleure formation scientifique de base. Cette formation à distance sera complétée par des regroupements, afin de les guider dans leur effort.

Les professeurs bénéficiaires auront une décharge d'enseignement de quatre heures en moyenne par semaine.

• Des formations à la didactique des disciplines sous forme de stages de l'ordre d'un mois environ, pendant lesquels les professeurs seront remplacés.

Il n'est pas possible dès 1985 de mettre en place des formations dans toutes les disciplines. Seront prioritaires : l'histoire-géographie, décision déjà annoncée par mon prédécesseur, les lettres, les sciences naturelles, et les mathématiques ; dans ce dernier cas, l'insuffisance de personnel qualifié pour assurer les remplacements nous obligera à étaler dans le temps notre effort. Bien entendu, les autres actions essentielles des plans de formation académique seront maintenues. Je pense en particulier à celles portant sur la maîtrise des méthodes de la pédagogie différenciée. Ce plan est ambitieux non seulement par ses objectifs, mais aussi par le nombre d'enseignants qui pourraient en profiter (de l'ordre de 100 000 d'ici à 1990 et environ 10 000 pendant l'année scolaire 1985-1986). Je rappelle que 160 000 professeurs enseignent actuellement en collèges.

Pour donner un autre exemple chiffré, il a été dispensé en 1983-1984 en faveur des professeurs de collèges, l'équivalent de 60 000 semaines/stagiaires. Pendant la prochaine année scolaire (1985-1986), le plan que je mets en place aboutira quasiment à doubler ce montant.

Le financement de ce plan n'est pas chose aisée. Il ne pourra être mis en œuvre qu'appuyé sur la diminution du nombre d'élèves en collèges, liée à la décrue démographique dont je ne me réjouis pas, mais qui comportera au moins l'avantage de dégager progressivement quelques moyens supplémentaires. Si la quantité n'est plus aujourd'hui à l'ordre du jour, faisons en sorte que la baisse quantitative serve l'élévation de la qualité.

Malgré la priorité donnée à l'Éducation nationale par le gouvernement, ce programme de formation ambitieux ne pourra pas être assuré sans une légère diminution du nombre de divisions.

Tout le monde doit comprendre que l'efficacité de notre système éducatif dépend avant tout d'une bonne formation initiale et continue des maîtres. Mais cela ne peut être obtenu sans l'effort de tous les enseignants.

C'est dans ce cadre général, et seulement dans ce cadre, que peut être posé convenablement l'objectif retenu par mon prédécesseur, de l'harmonisation des obligations de service que je lie pour ma part à la formation des maîtres.

### RÉEXAMINER LES CONTENUS ET DONC LES PROGRAMMES

Aucun travail de fond ne pourra être entrepris si l'on n'a pas défini au préalable ce qu'on est en droit d'attendre des élèves à l'issue de la troisième.

A l'occasion du **réexamen des contenus,** il conviendra de rechercher les modifications à apporter, d'assurer une plus grande cohérence entre les différents niveaux du collège (de la sixième à la troisième), de trouver un meilleur équilibre entre les disciplines (en particulier entre les trois pôles que constituent les mathématiques, le français et les sciences et techniques) et, enfin, de rappeler l'objectif fondamental de la formation de base : donner aux élèves la maîtrise de la pensée logique.

**Les nouveaux textes devront être prêts pour entrer en application à la rentrée 1986, avec cependant la possibilité d'arrêter des instructions et programmes pour la rentrée 1985 en lettres, en langues et mathématiques.**

## ÉVALUER A TOUS LES NIVEAUX

*Évaluer les élèves.*

S'il est vrai que les méthodes relevant de la pédagogie différenciée exigent une évaluation continue de la progression des collégiens, un bilan à la sortie du collège s'impose.

J'ai donc décidé de **créer un examen conduisant à la délivrance d'un brevet.** Son organisation sera très décentralisée. Il sera simple.

Le passage en seconde ne sera pas lié à l'obtention de ce brevet mais celui-ci définira un horizon aussi bien pour les élèves que pour les enseignants. Il devra répondre à la définition d'un nombre d'exigences minimales indispensables à notre époque.

*Évaluer les établissements.*

Au niveau national, j'ai donné une mission d'évaluation de la rénovation des collèges conjointement à l'inspection générale de l'Administration et à l'inspection générale de l'Éducation nationale.

Au niveau académique, chaque recteur va mettre en place, en liaison avec le chef de la M.A.F.P.E.N., un groupe d'évaluation.

Tout naturellement, il s'établira des échanges entre ces deux niveaux d'évaluation.

Dès lors que ces évaluations mettront en valeur le service et la qualité des actions menées dans certains établissements, il importera de les faire connaître. Le C.N.D.P., ainsi que son réseau (C.R.D.P. et C.D.D.P.), doit considérer cette tâche comme prioritaire.

### ASSURER DES LIAISONS FORTES ENTRE ÉTABLISSEMENTS

J'attache une grande importance aux **relations inter-établissements.**

Ces regroupements, qui doivent rester très souples, pourront couvrir un bassin de recrutement d'un lycée ou atteindre les dimensions d'un bassin d'emploi. C'est une question de terrain.

Il s'agit à mes yeux de favoriser le développement, entre les établissements existants, de liens qui rendront plus efficaces la formation et l'orientation des jeunes et les relations avec le monde économique.

### COMMENT POUVONS-NOUS PROGRESSER ? PAR QUELLE MÉTHODE ?

M. Alain Savary avait prévu de retenir pour la rénovation une nouvelle tranche de collèges à la rentrée 1985. **Il faut que l'expérience suive son cours. Telle est ma décision.**

J'ai donc demandé aux recteurs de retenir, à partir des dossiers qui leur ont été adressés par les établissements, ceux dont les projets leur paraissaient de qualité. **Cette seconde étape de la rénovation devrait intéresser approximativement 15 % des collèges.** Environ le quart des établissements seront engagés dans le **processus de transformation du collège à la rentrée 1985.** Pour la suite, je retiens le principe de trois tranches annuelles concernant chacune environ 25 % des collèges. Ainsi, *tous les établissements auront entamé le processus de rénovation d'ici à la fin du IX*[e] *Plan.*

*
* *

En conclusion, la modernisation des collèges est une œuvre de longue haleine. S'y engager d'ici à 1988 est une chose, la mener à son terme en est une autre [...].

Dès lors que la perspective est clairement tracée et que la rénovation des collèges est affirmée, non pas comme une recette miracle mais comme une entreprise historique, nous saurons ne pas perdre de temps pour commencer à changer le collège tel qu'il est aujourd'hui et bâtir le collège de la réussite. La totalité des collèges auront entamé le processus d'ici à 1988. Les enseignants doivent s'y impliquer, car c'est d'eux en fin de compte que dépend la réussite [...]. Une étape fondamentale de la construction de l'école républicaine de notre temps (aussi importante que celle de l'école primaire à la fin du siècle dernier) aura alors été franchie.

## 5. La formation des maîtres*

Des maîtres bien formés, des maîtres compétents dans leur discipline, des maîtres habiles dans leur métier sont le facteur principal d'un bon enseignement.

Or, il n'est pas de visée plus juste ni plus urgente aujourd'hui pour l'Éducation nationale que la qualité de notre enseignement.

Assurer pour tous les enfants les apprentissages fonda-

* Toulouse, 6 novembre 1984.

mentaux à l'école, donner à tous les jeunes, au collège, une solide formation de base — ce viatique indispensable dans la société de demain pour tous nos concitoyens —, offrir ensuite aux uns une formation professionnelle débouchant sur un emploi gratifiant, permettre aux autres de préparer le baccalauréat et leur ouvrir la voie de l'enseignement supérieur, ces tâches, qui sont celles de l'école, requièrent des maîtres bien formés.

L'aptitude de l'école publique à bien s'acquitter de ces tâches est précisément fonction de la qualité de ses maîtres, c'est-à-dire de leur formation. Le IXe Plan en a fait d'ailleurs un objectif prioritaire.

L'effort à conduire en cette matière doit s'appliquer simultanément à la formation initiale et à la formation continue.

## *Doubler le temps consacré à la formation continue*

Quantitativement, il est naturel que cet effort s'applique d'abord à la formation *continue*. En regard des 640 000 membres actifs du corps enseignant, les recrutements auxquels nous procédons chaque année demeurent nécessairement marginaux.

La formation continue des maîtres correspond à plusieurs exigences.

D'une part, les contenus de l'enseignement évoluent : dès la rentrée prochaine, l'ensemble des programmes seront renouvelés dans les écoles, comme ils l'ont été, dès cette année, pour l'histoire et la géographie ; les programmes des collèges seront eux aussi modifiés pour partie en 1985 et, en totalité, en 1986. C'est, à mes yeux, un élément capital de ce qu'on appelle la rénovation des collèges. La formation des maîtres doit donc s'adapter aux contenus nouveaux de leur enseignement. Au-delà des changements de programmes, il faut compter avec l'évolution des connaissances, particulièrement rapide dans certaines disciplines. On ne peut enseigner aujourd'hui les sciences naturelles sans tirer parti des acquis récents de la biologie. La même remarque vaut pour la physique, les technologies ou la géographie.

D'autre part, certains professeurs ont reçu une excellente formation dans leur matière : ils auraient aussi intérêt à connaître les résultats des travaux de didactique de leur discipline où ils trouveraient un utile adjuvant dans l'exercice de leur métier.

Enfin, d'autres professeurs n'ont pas eu la chance d'acquérir une maîtrise suffisante des disciplines qu'ils enseignent. Nous devons leur donner les moyens de combler cette lacune.

Tous les personnels, au demeurant, devraient bénéficier d'une formation les préparant aux divers aspects de leur tâche et de leur responsabilité : je m'efforcerai de répondre à cette exigence.

Je sais que la formation continue n'a pas encore la place qu'elle devrait avoir dans l'Éducation nationale. Ce qui est aujourd'hui pratique courante dans les entreprises à tous les niveaux de qualification et de responsabilité est encore faiblement développé pour les personnels de l'Éducation. Plus des trois quarts des crédits de formation sont absorbés par la formation initiale : mission importante, mais qui ne touche que 3 p. 100 des personnels en service à un instant donné. La formation continue les concerne tous.

Songez seulement qu'aujourd'hui de grandes entreprises de service consacrent 5 à 6 p. 100 de leur masse salariale à la formation continue de leurs personnels. Encore sont-elles sur ce point souvent en retard par rapport à leurs concurrentes étrangères. En 1981, l'Éducation nationale a consacré seulement 1,5 p. 100 de sa masse salariale à cette tâche. Cela ne laisse pas d'être paradoxal dans une administration dont la fonction est précisément la formation des hommes.

C'est le mérite de M. Alain Savary que d'avoir pris

conscience de ce paradoxe et d'avoir commencé à le réduire en créant les missions académiques à la formation des personnels de l'Éducation nationale, et en leur donnant d'importants moyens. Il est à l'honneur de ces personnels d'avoir compris que la formation continue est pour eux un devoir autant qu'un droit.

Je m'attacherai à atteindre et, dans certains cas, à dépasser l'objectif inscrit dans la deuxième loi du plan : le doublement du temps consacré à la formation continue, en suivant *quatre orientations prioritaires* [...] :

— la formation continue des *instituteurs*, qui devra être centrée sur la maîtrise des apprentissages fondamentaux qu'ils doivent assurer ;

— la formation des maîtres de *l'enseignement technique* et de l'enseignement de la *technologie* ;

— la *formation scientifique* des enseignants dont le niveau de formation dans la discipline qu'ils enseignent est le moins élevé.

— j'y ajoute *le souci d'accompagner les réformes engagées* : je pense ici notamment aux mesures liées à la rénovation des collèges (telles que la technique des groupes de niveau). Je souhaite au demeurant que l'on recherche dans ce cadre un meilleur équilibre entre les actions de formation pédagogique et les formations portant sur la maîtrise des contenus.

Dans cet esprit, j'ai mis à l'étude un plan de formation ambitieux destiné aux enseignants des collèges (voir p. 55). L'élévation du niveau de qualification des enseignants et une formation adaptée des maîtres me paraissent en effet des éléments essentiels de la rénovation.

## *Former aussi les chefs d'établissement*

Enfin, j'attache la plus grande importance à la formation des *chefs d'établissement* dont le rôle est essentiel et deviendra plus important et plus complexe encore dans le cadre de la décentralisation [...].

La formation continue [...] doit davantage viser à compléter et enrichir la formation initiale, y compris en préparant aux concours internes, qui devront devenir une voie normale de promotion dans les différents grades du corps enseignant.

## *Des maîtres compétents et habiles dans leur métier*

La formation initiale des enseignants doit leur assurer à la fois la maîtrise des connaissances et la maîtrise des situations d'enseignement, en même temps qu'une claire perception, par les futurs maîtres, de leur responsabilité future. Elle doit donc comporter :

— une formation dans la ou les disciplines enseignées ;

— une formation pédagogique, intégrant les acquis positifs et vérifiés de la recherche, notamment didactique, et recourant autant que possible aux méthodes pratiques de la formation alternée.

Aux termes de la loi de janvier 1984, la formation initiale des enseignants est une mission de l'enseignement supérieur, c'est-à-dire de tous les établissements supérieurs : universités, écoles d'ingénieurs, centres existants de formation des maîtres, écoles normales supérieures.

Je souhaite que l'université s'associe pleinement à la formation des maîtres, y compris ceux de l'enseignement technique, en passant à cette fin des conventions de coopération avec les établissements concernés.

Quant aux dispositions prises pour les maîtres des différents niveaux de l'enseignement, je rappellerai les décisions audacieuses déjà prises par le gouvernement. En 1982, la formation des P.E.G.C. a été portée provisoirement à quatre ans. Le provisoire deviendra définitif. J'indique par là qu'on continuera à recruter des P.E.G.C. D'autre part, la formation des instituteurs sera portée à quatre ans après le baccalauréat à partir de 1986. J'envisage également de porter à quatre années effectives la formation des professeurs de L.E.P. Ainsi, plusieurs catégories d'enseignants seront désormais recrutées au niveau Bac + 2 et formées en deux ans dans le cadre d'un centre de formation : ce qui tend, comme le prévoyait le Plan, à rapprocher les niveaux de recrutement et de formation des enseignants.

En ce qui concerne *les P.E.G.C.*, je souhaite atteindre rapidement deux objectifs :

— une formation disciplinaire équivalant au niveau de la licence ;

— un resserrement des « valences » des P.E.G.C. fondé sur des regroupements disciplinaires éprouvés dans les collèges. Il n'est pas raisonnable de demander à un professeur d'art plastique d'enseigner le français ou les mathématiques. Il n'est pas davantage souhaitable de former en quatre ans un professeur de lettres doublé d'un professeur d'histoire, triplé d'un professeur de géographie.

En ce qui concerne les professeurs agrégés et certifiés, ils satisfont aux épreuves d'un concours de recrutement à caractère disciplinaire dont tout le monde s'accorde à reconnaître le haut niveau. Cependant, la formation pédagogique fait ici défaut. Pour y remédier, j'entends, dans l'immédiat, rendre progressivement son contenu formateur à l'année que les agrégés et les capésiens passent dans les centres pédagogiques régionaux. Il s'agira d'une formation théorique à la didactique de leur discipline et d'une formation pratique en classe, avec l'assistance de professeurs expérimentés jouant le rôle de conseillers pédagogiques. Ce faisant, je tiendrai l'engagement de mon prédécesseur qui a toujours considéré comme provisoire l'affectation des jeunes agrégés et certifiés *à* des postes « en responsabilité ».

La formation des enseignants du technique court et long retient par ailleurs toute mon attention.

## *Des instituteurs pour le XXIe siècle*

Je m'étendrai davantage sur la formation des instituteurs. C'est que, sur ce point, les décisions sont avancées. C'est aussi que j'y attache une importance particulière.

On méconnaît aujourd'hui le rôle de l'instituteur. Ayant à décider de sa formation, j'ai conscience d'agir bien au-delà de l'Éducation nationale, pour la société tout entière. L'instituteur, à qui sont confiés nos enfants, dans une période de leur vie qui commande bien souvent l'avenir des individus, n'est pas un enseignant comme les autres. Plus que les autres, il éveille l'intelligence et la curiosité au moment le plus propice à leur épanouissement. Plus que les autres, il contribue à la mission libératrice de l'école, parce qu'il est plus facile de vaincre chez un enfant que chez un adolescent les handicaps liés à un milieu social.

Nous devons réfléchir à la mission de l'instituteur dans la perspective du XXIe siècle, parce que tel est l'horizon de son métier. Quand les instituteurs que nous formons aujourd'hui prendront leur retraite, leurs élèves seront encore en activité en 2080.

Le rôle des instituteurs est essentiel, irremplaçable, non seulement dans la première formation des jeunes et la construction de leurs acquis futurs, mais aussi dans la collectivité qui les entoure. Nous avons besoin d'instituteurs persuadés de la valeur de leur tâche, compétents, s'intéressant à leur travail et aux enfants et, par là, reconnus par la population.

A la fin du siècle dernier, l'instituteur était honoré et respecté, parce que, apportant dans les campagnes la lumière de l'instruction élémentaire, apprenant aux enfants à lire, à écrire et à compter, il était en avance sur son temps, il incarnait le progrès.

Aujourd'hui, il doit encore être en avance sur son temps. Les apprentissages fondamentaux ne sont pas périmés, loin de là. Mais la compétence de l'instituteur doit suivre le progrès de notre temps ; elle doit s'étendre aux technologies nouvelles et à tout ce qui permettra à l'enfant de devenir l'homme et le citoyen de l'avenir.

Aussi peut-on bien parler, à juste titre, du rôle du maître d'école qui doit rester le militant d'une société solidaire. L'école de la République a quelque chose à voir avec l'égalité ; et l'action de l'école sera toujours plus efficace que celle des rééducateurs pour contrarier les tendances à l'éclatement de la société, à la constitution de ghettos et à l'apparition d'une société duale.

Les nouveaux programmes et instructions pédagogiques pour l'école que je signerai personnellement au début de 1985 seront rédigés dans cet esprit.

La formation des instituteurs en quatre ans est, nous l'avons vu, un principe acquis, de même que l'organisation d'un concours de recrutement au niveau du D.E.U.G. [...].

La nouvelle formation s'étend sur quatre années, rendant nécessaire une certaine cohérence entre ses deux parties. L'orientation que je retiens est celle d'un D.E.U.G. auquel s'ajoutent des modules de préprofessionnalisation, sanctionnés par un certificat. Je tiens également à ne pas priver l'Éducation nationale de l'intéressant apport que représentent des candidats détenteurs d'un diplôme supérieur d'enseignement technologique, déjà admis à présenter l'actuel concours spécial [...].

## *Former les instituteurs le mieux possible à leur métier*

Il y aura donc :

— un 1er cycle universitaire d'une part et un certificat préprofessionnel d'autre part, qui doit associer des professeurs des écoles normales et des universitaires ;

— un concours comprenant des épreuves portant sur les disciplines fondamentales et sur la culture générale, auxquelles s'ajoutera un entretien permettant d'apprécier l'aptitude du candidat à la relation et le bénéfice tiré de la préparation préprofessionnelle ;

— une formation complémentaire en deux ans qui sera fondée pour l'essentiel sur une formation à l'exercice professionnel, et sur une élévation du niveau de connaissance et de maîtrise didactique des disciplines que le futur instituteur aura à enseigner.

Cette formation requiert l'intervention des universitaires aussi bien que des formateurs des écoles normales d'instituteurs. Il est indispensable que les universités et les écoles normales travaillent en commun, et donc que des conventions de coopération organique (au sens de l'article 43 de la loi sur l'enseignement supérieur, 1er alinéa) soient passées entre une ou plusieurs écoles normales et une ou plusieurs universités.

Ces conventions permettront de préciser les collaborations à tous les niveaux : premier cycle universitaire, concours de recrutement, formation complémentaire, les contenus étant définis au niveau national.

[...] La formation sera ainsi sanctionnée, comme pour toutes les autres formations d'enseignants, par un certificat d'aptitude dont la détention pourrait ouvrir, non seulement l'accès à l'exercice du métier mais aussi, lorsque la convention passée avec l'université le prévoira, une dispense telle que celle de la première année d'un second cycle universitaire.

## *Une grande ambition pour les écoles normales d'instituteurs*

Cet objectif d'une formation de qualité signifie, aussi, une grande ambition pour les écoles normales d'instituteurs. Il leur est assigné un rôle important, dans le dispositif que je viens de présenter. Ce rôle doit être assumé avec une grande exigence. Il implique, aussi, que les écoles normales adaptent à cette exigence leurs enseignements et l'organisation de la formation.

Nous réfléchissons en ce moment aux conséquences que cette responsabilité peut avoir sur la localisation des formations initiales, sans perdre de vue le rôle que jouent les E.N.I. dans leur département, ni l'orientation déjà affirmée par mon prédécesseur : le maintien dans chaque département d'une école normale, même si la nouvelle organisation de la formation initiale implique qu'on associe quelques établissements. Mais ce maintien n'est pas sans conditions : il s'accompagne d'un rayonnement accru, et d'une utilisation plus large du potentiel des écoles normales d'instituteurs dans la formation continue des personnels de l'Éducation nationale, comme de leurs ressources de documentation de recherche. Ce doit être un atout, et non une contrainte, de conserver ce potentiel départemental [...].

## 6. « Savoir lire, c'est la clef de tout* »

« Il faut que vous appreniez aux enfants à lire avec une facilité absolue, de telle sorte qu'ils ne puissent plus l'oublier de la vie. Savoir lire vraiment sans hésitation, comme nous lisons vous et moi, c'est la clef de tout. » Tel est le conseil premier que Jean Jaurès donnait aux instituteurs. Ce conseil est toujours valable et c'est pourquoi j'insisterai sans équivoque sur l'importance de la lecture.

En effet, la lecture est elle-même instruction ; elle nous fait accéder au monde de la réflexion et de la pensée. Le mot n'est pas que le mot, il est l'expression de l'idée. Si

* Grenoble, 14 novembre 1984.

l'écriture alphabétique contribue à la formation de l'esprit, c'est parce qu'elle extrait l'enfant du monde souvent confus des situations concrètes et parce qu'elle introduit à l'analyse et à la démarche logique. Dans la plus simple phrase du plus modeste récit, la lecture requiert une somme d'exigences intellectuelles qui font de cet apprentissage le plus formateur de tous. Nous avons accès de cette manière à la totalité du monde de l'écrit, c'est-à-dire que nous pouvons communiquer avec les autres hommes et former à cette occasion notre propre pensée. Il serait en effet erroné de croire que notre pensée peut se développer dans la solitude.

Celui qui s'instruit par la lecture pourra accéder à l'ensemble des disciplines, et pas exclusivement des disciplines littéraires, puisque toutes supposent, quelles que soient leur nature et leur complexité, la compréhension rigoureuse d'un certain nombre d'énoncés. Ainsi se constitue la totalité du savoir humain, qui n'est jamais entièrement présent en nous-mêmes, mais que nous pouvons constituer et réactualiser par des lectures successives et renouvelées.

Au contact de ce qui a été produit par l'homme, nous prenons conscience des possibilités de notre propre pensée. On ne penserait pas vraiment sans la communauté des hommes, passés et présents, qui nous est accessible par le monde de l'écrit. Il peut s'agir d'un bref message livré à un bout de papier, il peut s'agir de l'article que la presse nous offre jour après jour, il peut s'agir enfin du livre, qui doit devenir objet de convoitise, car il est le principe et le lieu d'un renouvellement personnel continu. Ainsi avons-nous accès à l'ensemble des grandes œuvres, en particulier les grandes œuvres littéraires, historiques, scientifiques et techniques. Ainsi sommes-nous en mesure de nous approprier toute la mémoire de l'humanité et d'étendre notre conscience au-delà des bornes d'une expérience personnelle nécessairement limitée. C'est pourquoi Descartes avait raison d'écrire au début de son *Discours de la méthode* que « la lecture de tous les bons livres est comme une conversation avec les plus honnêtes gens des siècles passés, qui en ont été les auteurs et même une conversation étudiée, en laquelle ils ne nous découvrent que les meilleures de leurs pensées ». Les frontières étroites de notre vie singulière sont ainsi dépassées et nous avons alors commerce avec l'ensemble vivant de l'humanité. Dans cette mesure le passé n'est pas révolu, il est ce qui permet de comprendre et de nourrir l'état présent du monde.

## *McLuhan n'annule pas Gutenberg*

La lecture est également à la base de l'exercice de toute activité professionnelle. Recevant récemment une délégation du C.N.P.F., je me suis entendu dire avec surprise : « Apprenez-leur à lire et à écrire le français », dans la bouche du patronat qui réclamait jadis des spécialisations étroites à la mesure des besoins de l'industrie. Aujourd'hui, même le métier le plus technique suppose la lecture d'un certain nombre de consignes à respecter ou d'opérations à effectuer. C'est la bonne maîtrise de cet apprentissage fondamental qu'est la lecture qui conditionne toute réussite professionnelle ultérieure. C'est dire son importance du simple point de vue de l'utilité personnelle et sociale.

Il faudrait enfin ne pas oublier qu'il existe, indépendamment de toute préoccupation utilitaire, un vrai plaisir de la lecture, qui est un des plus accessibles et un des plus subtils. La lecture nous permet de dépasser notre situation immédiate et de nous élever à un autre univers, tout aussi réel, qui est celui du sens et de l'imaginaire et qui nous procure une particulière satisfaction.

Rien ne me semble plus faux que d'affirmer que le monde de l'image est en train de supplanter le monde de l'écrit, que McLuhan annule Gutenberg, que l'audiovisuel rend le livre caduc. Il y a là une de ces fausses évidences qui sont ruineuses pour l'éducation. Car s'il est bien vrai que nous connaissons, en particulier du fait des technologies nouvelles, une explosion de l'image et de l'audiovisuel, celle-ci ne rend que plus nécessaire le contrepoids de l'écrit. Une civilisation de l'image serait une civilisation riche, esthétiquement féconde, mais fragile, muette et incapable de maîtriser sa propre évolution. L'écrit apporte la part nécessaire d'analyse et de réflexion. Il convient donc de se garder de s'installer dans un faux débat entre l'image et l'écrit. Une civilisation de l'image représente d'une certaine manière une chance de renouvellement pour l'humanité, mais elle appelle encore plus d'écrits et encore plus de livres pour que la distance critique et la réflexion soient possibles.

C'est donc une conclusion contraire à la conclusion habituelle de ce débat que l'écolier, le collégien et le lycéen doivent retenir. Plus on a d'images autour de soi, plus on a besoin d'écrits pour les comprendre et s'y retrouver. La lecture est le premier devoir de la société moderne audiovisuelle. Une image chasse l'autre, elle laisse l'enfant passif devant sa séduction, elle le touche d'un impact purement instantané ; c'est pourquoi l'image ne peut à elle seule structurer l'esprit. Alors qu'une idée, si elle est vraiment une idée, intègre la précédente et lui est organiquement liée. Il n'y a pas de culture audiovisuelle autonome ; il y a une culture qui est le fruit de la réflexion active et où, bien sûr, l'audiovisuel trouve sa place.

## *Soyez modernes, sachez lire*

Au demeurant, une technologie comme l'informatique, qui fait appel aux signes écrits sur l'écran de visualisation et sur l'imprimante, inclut dans son propre développement un retour à l'écrit et c'est peut-être quelquefois le moyen de réapprendre à lire. « Soyez modernes : sachez lire ! », pourrait-on dire aux nouveaux enfants du siècle.

C'est pourquoi je souhaite que tous les maîtres de l'école élémentaire, et en particulier les plus jeunes d'entre eux, comprennent qu'il leur faut combattre, partout où elle apparaît, l'idée fausse et néfaste d'une extinction inéluctable de l'écrit.

En insistant ainsi sur l'importance de la lecture, j'entends montrer l'attention que le ministre de l'Éducation nationale souhaite porter à cet apprentissage fondamental, qui doit être étroitement associé à celui de l'écriture, qui le complète et le consolide. Malgré le travail et le dévouement des maîtres, un certain nombre d'enfants ne savent pas lire convenablement ni assez tôt. Celui qui a en charge l'école de la réussite ne peut accepter un échec qui est non seulement celui de l'apprentissage initial, mais également celui de tous les autres, puisque bon nombre d'échecs scolaires, dans les diverses matières, ont pour origine une maîtrise imparfaite de la lecture. On ne peut admettre que certains élèves ne sachent pas lire en arrivant en sixième. Sans doute rien n'est-il jamais perdu. Mais il est absolument indispensable que ce premier apprentissage se fasse le plus tôt possible. Je demande aux corps d'inspection et aux maîtres de manifester à cet égard une vigilance particulière, car on ne saurait retarder ce qui conditionne tout le reste, c'est-à-dire l'ensemble des autres acquisitions dans les diverses disciplines.

Il y a, d'abord, la nécessité d'une combinatoire entre les sons pertinents, convenablement identifiés, et le code graphique correspondant, cette combinatoire devant toujours être associée à l'intuition du sens de ce qu'on lit. L'enfant doit avoir le plus vite possible la satisfaction d'avoir lu et compris ; c'est dire que la simple épellation ou le déchiffrage syllabique ne sont pas de la lecture, car lire, c'est toujours comprendre, c'est-à-dire passer de l'ordre des signes à l'ordre du sens.

Le maître doit éviter deux écueils : le premier serait de ne pas tenir compte du rythme propre de chaque écolier et de son degré de maturation ; le second serait de différer le contact avec l'écrit et l'apprentissage réel de la lecture. Le premier devoir de l'école, en tant qu'institution, c'est d'apprendre à lire le plus tôt possible. S'il est vrai que la lecture est un processus continu, c'est-à-dire un apprentissage complexe, et qui se perfectionne par l'exercice, puisque nous accédons toute notre vie à des niveaux plus élaborés de compréhension (en ce sens, on n'a jamais fini d'apprendre à lire), il est également vrai que l'apprentissage initial doit être entrepris et achevé à l'école élémentaire dans les délais les plus courts (en ce sens, on doit bien à un certain moment avoir fini d'apprendre à lire).

## *Une cité de lecteurs*

Que les familles sachent que je suis déterminé à affronter les difficultés de la lecture et à réduire les échecs qu'elles peuvent entraîner. Il y a là une grande entreprise nationale, nécessaire à un pays moderne, mais également nécessaire à un État républicain ; car la République est inséparable de la raison et de l'instruction, c'est-à-dire de la lecture et de l'écriture, qui en constituent le sol. Dans le monde moderne, il n'y a de République que dans une cité de lecteurs. Un citoyen, c'est d'abord un homme qui sait lire, c'est-à-dire un homme qui s'efforce de comprendre, qui peut exercer son jugement et exprimer des préférences raisonnées. C'est pourquoi aussi l'échec scolaire dans le domaine de la lecture trouvera en moi un adversaire résolu.

La lecture, c'est d'abord l'affaire de l'école, qui ne peut se décharger sur d'autres de cette responsabilité essentielle. Si l'école moderne veut être l'école de l'égalité, elle doit apporter l'aide nécessaire aux enfants qui n'ont qu'elle pour s'instruire, parce qu'ils ne peuvent compter sur un appui extérieur. A tous les moments de la scolarité, particulièrement au collège et au lycée d'enseignement professionnel, le rôle des professeurs de toutes les disciplines ne saurait être négligé. On doit également associer les collectivités locales et développer, par des actions de longue haleine, hors de l'école, dans les mairies et les quartiers, le contact permanent avec l'écrit, la pratique habituelle et l'usage étant le meilleur moyen d'affermir l'apprentissage et je peux vous dire que, par exemple, j'ai dans la ville de Belfort des bibliothèques municipales dont l'effectif de ceux qui les fréquentent est passé, en l'espace de trois ans, de moins de cinq mille à plus de vingt mille avec des bibliothèques spéciales pour les jeunes. La lecture doit être perçue comme n'étant pas seulement dans son résultat un acte scolaire ; elle est en même temps un acte de communication avec les autres et une œuvre de culture personnelle.

## *Des moyens accrus*

J'ai donc décidé des mesures qui doivent aider les maîtres et les professeurs, rassurer les parents et faire réussir les élèves. Ce plan cohérent et ambitieux, qui doit améliorer l'apprentissage et la consolidation de la lecture et donner aux jeunes le goût de lire, est le suivant :

1. Tout d'abord, de nouvelles instructions sur la lecture, claires et précises, destinées à l'école élémentaire et aux collèges, seront appliquées dès la prochaine rentrée.

2. Les liens entre l'école et les familles seront systématiquement développés. L'Éducation nationale offrira aux élèves des textes de bonne culture (littéraire, historique, scientifique et technique) destinés à encourager la lecture comme prolongement personnel du travail de la classe. Des échanges et prêts de livres seront organisés, les familles étant invitées à mettre à la disposition de tous les élèves les livres qui ne leur servent plus.

3. Le nombre des Bibliothèques-Centres Documentaires des écoles sera accru et en relation avec elles des actions de formation continue seront organisées dans les

écoles normales. Cette initiative conjointe du ministère de l'Éducation nationale et du ministère de la Culture a été lancée à titre expérimental dans quatre académies. Une centaine de nouvelles Bibliothèques-Centres Documentaires y seront implantées. Je souhaite que les collectivités locales soutiennent cet effort dont elles comprennent la nécessité.

4. Le développement, dans les collèges et les lycées d'enseignement professionnel, des Centres de Documentation et d'Information, qui sont d'abord des bibliothèques, sera poursuivi. Au budget de 1985, 110 nouveaux emplois y seront affectés dans les collèges et environ 40 dans les lycées d'enseignement professionnel.

5. Une journée de la lecture aura lieu en mai 1985 dans tous les établissements. Il s'agira de lancer, partout où c'est possible, des actions en profondeur, destinées à durer, ouvertes sur les différentes formes de l'écrit découvertes par l'élève ou produites par lui (on pourrait songer à cet égard au développement des journaux scolaires). Parmi ces actions pourrait figurer l'organisation dans chaque établissement secondaire d'un salon du livre, avec exposition de livres et rencontres associant professeurs, documentalistes, bibliothécaires, parents et élèves. Le parrainage de certains établissements par des écrivains devrait permettre de rapprocher les auteurs vivants d'une jeunesse qui a trop tendance à croire au déclin de la littérature. Dans les établissements qui portent le nom d'un écrivain, l'œuvre de celui-ci pourrait être illustrée par une exposition organisée avec le concours des élèves.

6. Des mesures sont destinées à assurer une plus grande ouverture au public des bibliothèques universitaires, je pense en particulier aux lycéens, afin de provoquer un grand mouvement de lecteurs vers elles. Parallèlement à une demande que le ministre de la Culture a faite au directeur du livre et de la lecture, j'ai commandé à la Direction des Bibliothèques un rapport définissant

un programme d'ensemble à compter de 1986 en fonction de l'évolution des missions de ces établissements.

7. Dans le cadre de la lutte contre l'illettrisme, le rôle traditionnel de prévention joué par le ministère sera renforcé. En accord avec le groupe de lutte contre l'illettrisme, présidé par M. Belorgey, nous irons plus loin, notamment en engageant les professeurs d'école normale à participer sur leur temps de service à la formation des formateurs, là où ce sera possible.

La lecture et l'écriture constituent, avec les mathématiques, comme le notait déjà Cournot au siècle dernier, « le fond de l'instruction primaire » et c'est un progrès considérable de la civilisation, comme le remarque cet auteur, que de « concevoir l'idée d'initier tous les hommes, sans exception ou sauf de rares exceptions, à ces connaissances qui sont le préliminaire indispensable de tous les travaux intellectuels ». Cette idée d'instruction élémentaire pour tous reste la base de notre politique de l'éducation, surtout dans une démocratie comme la France.

J'espère ainsi, avec la plus vive conviction, que, grâce à cet ensemble de mesures et à la politique volontariste de réussite pour tous que je conduirai, l'école sera en mesure d'amener tous les jeunes, et dans les meilleurs délais, à la maîtrise de l'expression écrite et orale, à l'usage familier de l'écrit et plus spécialement des œuvres de culture, à la découverte plus aisée, du fait de leur solide formation de base, de l'emploi qu'ils sont en droit d'espérer et d'obtenir. Ils s'intégreront ainsi, de façon dynamique, au monde qui les attend et où, par leur travail et par leur action de citoyens avertis, ils éprouveront et réaliseront la solidarité concrète de l'humanité. Il n'y a pas d'humanité solidaire sans travail, sans culture et sans vie politique responsable. La lecture, qui est la clef de tout et constitue un outil indispensable de la réussite, contribuera à réaliser ce grand dessein, dont nous avons besoin pour mobiliser les ardeurs du pays et pour préparer un avenir à la mesure de nos ambitions.

# 7. Donner plus à ceux qui ont moins : les zones d'éducation prioritaires*

La carte de l'échec scolaire en France, c'est la carte de l'inégalité sociale, des difficultés rencontrées dans les banlieues des grandes villes, dans les zones rurales profondes.

Vous savez quel prix j'attache à ce que notre pays dispose d'une école qui lui permette de relever les défis de la compétition internationale et qui, en tirant parti de notre richesse essentielle, les hommes et les femmes de ce pays, contribue au renforcement de la France et à son indépendance.

Tout cela ne sera possible que si l'école de la République assure la promotion de tous et par là se donne les moyens de former les meilleurs. L'école publique doit donner à tous les connaissances fondamentales qui correspondent aux exigences de l'époque. Son ambition doit être plus grande encore que celle de l'école de Jules Ferry qui visait — mais ce n'était pas rien — à apprendre d'abord « à lire, à écrire et à compter ».

L'école publique a les moyens de cette ambition, avec la scolarité obligatoire jusqu'à 16 ans, avec les méthodes et les supports pédagogiques modernes et un niveau de qualification des maîtres bien supérieur à ce qu'il était il y a quatre-vingts ans.

## *Les chemins de la connaissance sont multiples*

Renforcer sélectivement l'action éducative dans les zones et milieux sociaux où l'échec est le plus élevé, donner plus à ceux qui ont moins, répondre à la soif de

* Belfort, 28 septembre 1984.

connaissances des jeunes les plus démunis, permettre à chacun de valoriser au maximum ses qualités, fait partie des missions de l'école de la République. C'est le fondement même de la politique des zones d'éducation prioritaires (Z.E.P.) mises en œuvre depuis trois ans.

Les conditions d'enseignement ne sont pas partout identiques. Les publics scolaires sont différents. L'environnement économique, social, culturel n'est pas partout le même. Les modalités pour guider les jeunes sur les chemins de la connaissance sont naturellement multiples.

Dans les zones prioritaires, il faut mettre les jeunes en situation d'apprendre. Comment en effet l'école pourrait-elle transmettre des savoirs quand les difficultés sociales du quartier se traduisent dans son fonctionnement, quand n'y règne pas une atmosphère propice au travail, quand son image même s'en trouve trop souvent dévalorisée auprès des parents, des entreprises... ?

Les moyens mis en œuvre dans les zones prioritaires doivent précisément avoir pour objet de permettre à l'école d'accomplir pleinement sa tâche.

En premier lieu, une préséance en termes de moyens doit être reconnue aux zones prioritaires. Cette priorité a été réelle depuis trois ans. En 1982, 2 800 postes ont été consacrés, à titre spécifique, aux zones prioritaires, soit à partir de moyens nouveaux, soit par redistribution. En 1983, 1 500 postes ont été, soit maintenus, soit redistribués au bénéfice des écoles des zones prioritaires. Les dotations des collèges en zone prioritaire sont plus favorables en moyenne que celles des autres collèges. Des moyens supplémentaires en heures d'enseignement, en crédits de fonctionnement ont également été accordés. Les locaux devront être de même plus vite rénovés, et la formation des enseignants, leur carrière, améliorées en fonction de la spécificité de leurs notions en ce domaine.

La coordination entre les différentes politiques ministérielles en faveur des jeunes en difficulté est renforcée :

participation du ministre de l'Éducation nationale aux travaux de la Commission nationale pour le développement social des quartiers, du Comité interministériel des villes, du Conseil national de prévention de la délinquance, de la Délégation à l'insertion professionnelle et sociale des jeunes.

Il est utile que le même effort soit fait sur le terrain et que les enseignants se rapprochent des parents, des services sociaux et culturels pour pouvoir mieux connaître les conditions de vie, souvent difficiles, des jeunes. Ces rencontres sont un moyen, pour eux, de mieux assurer leur mission.

On ne peut tout demander à l'école, mais elle peut d'autant plus facilement remplir ses missions propres, que l'action qu'elle mène en direction de la petite enfance ou dans le domaine de l'insertion professionnelle, par exemple, est coordonnée avec d'autres.

Enfin, ont été mises en œuvre dans les zones prioritaires des pédagogies ou des modes d'organisation scolaire répondant aux besoins des jeunes : Bibliothèques-Centres Documentaires dans les écoles, heures de soutien dans les disciplines fondamentales, aide personnalisée aux élèves, aux études surveillées, à l'aide que peuvent apporter les moyens informatiques pour toutes ces actions qui soulignent l'importance du travail personnel. Ici, prise à Belfort, l'heure prévue dans l'emploi du temps des élèves de sixième pour les aider à mieux organiser leur travail, faire leurs devoirs, et apprendre leurs leçons est une bonne innovation, de même que l'articulation avec le monde économique des classes préprofessionnelles et préparatoires à l'apprentissage.

## *L'échec scolaire n'est pas une fatalité*

L'action dans les zones prioritaires ne peut s'inscrire que dans la durée, tant le problème de l'échec scolaire est difficile. Des étapes positives ont été franchies. L'image de l'école, du collège, du L.E.P. s'est modifiée positivement vis-à-vis des parents, des milieux professionnels, des habitants du quartier. Les actes de violence, de dégradations sont moins nombreux. Beaucoup d'élèves ont retrouvé confiance en eux, ont repris goût au travail, à l'effort, à l'apprentissage. On constate d'ailleurs une diminution des demandes tant de dérogation vis-à-vis des établissements des zones prioritaires, que de mutation de la part des enseignants affectés en zone prioritaire.

Les mesures prises pour améliorer l'acquisition des apprentissages fondamentaux commencent à porter leurs fruits. Des progrès, quelquefois modestes, mais réels, sont enregistrés.

## *Sur le front de la démocratisation scolaire*

L'enseignement doit être de qualité pour tous les jeunes. Il ne peut s'agir dans les zones prioritaires d'avoir un niveau d'exigences inférieur au reste du système éducatif. Je demande à tous d'être extrêmement vigilants sur ce point.

L'effort fait pour les zones prioritaires, en termes de postes, d'heures d'enseignement, et de crédits de fonctionnement, sera poursuivi.

La priorité accordée à l'enseignement pré-élémentaire doit être poursuivie. L'accueil des enfants de trois ans doit être assuré, lorsque les parents le demandent, dans toutes les zones prioritaires. Partout où cela sera possible, il faudra ouvrir davantage l'accueil des enfants à l'âge de deux ans : plus un enfant fréquente l'enseignement pré-élémentaire, mieux il réussit dans la suite de ses études.

L'acquisition des apprentissages fondamentaux doit être la préoccupation constante des enseignants dans les zones prioritaires. Je souhaite que l'effort soit poursuivi avec rigueur, notamment en ce qui concerne la maîtrise de notre langue. C'est la base de tout et c'est la responsabilité de tous les professeurs.

### *L'intégration des migrants*

L'apprentissage du français, notamment pour les enfants immigrés, est un facteur essentiel de réussite d'abord et ensuite de l'unité de notre nation. C'est aussi tout simplement, pour les élèves, le fondement sur lequel s'appuiera l'apprentissage d'un métier.

S'agissant des enfants d'immigrés, il faut favoriser leur intégration au sein de la nation française. C'est d'ailleurs le souhait de ces jeunes de la deuxième ou de la troisième génération qui, sans doute, demeureront majoritairement en France.

Ils veulent connaître parfaitement le français, notre culture, sans qu'il leur soit demandé de renoncer à la leur. Ils seront ainsi un trait d'union entre leur pays d'origine et leur nouvelle patrie.

L'école se doit de répondre à cette demande [...].

## 8. La Nouvelle Encyclopédie*

### *Démarche éducative et démarche encyclopédique*

Je suis heureux de saluer la réussite d'une mission que, ministre de la Recherche et de la Technologie, j'avais lancée au mois de décembre 1982 ; et que mes successeurs ont bien voulu prolonger et renforcer à mesure qu'elle faisait la preuve de sa capacité d'atteindre concrètement ses objectifs.

Mais, pour saisir le lien entre éducation et démarche encyclopédique, il me paraît nécessaire de prendre quelque recul historique.

* Journée nationale de l'Encyclopédie, Paris, 26 octobre 1984.

Que fut en son temps l'étrange entreprise de Diderot, de d'Alembert et de la « société de gens de lettres » qui les entouraient ? Que fut cette œuvre collective, immense, fruit d'une ténacité sans pareille, qui souleva pendant plus de dix ans le dévouement de ses admirateurs et la haine de ses détracteurs ?

Puissant mouvement culturel, associant dans un même effort de réflexion critique savants, ingénieurs, hommes de lettres, philosophes et artistes parmi les meilleurs de leur temps, l'*Encyclopédie* a contribué à modifier profondément le paysage intellectuel de la France et de l'Europe. A la crise qui s'était emparée des consciences depuis plus d'un demi-siècle, les encyclopédistes ont répondu résolument, avec un sens aigu de l'anticipation, et en établissant la cohérence des nouvelles valeurs intellectuelles, sociales et politiques qui s'annonçaient au monde dans la confusion et la discorde.

## *Diffuser le savoir pour transformer l'économie*

Une unique inspiration les animait, qu'exprime admirablement le célèbre article « Encyclopédie » dû à la plume de Diderot. Le but de l'entreprise, c'est, écrit-il, de « rassembler les connaissances éparses sur la surface de la terre ; en exposer le système général aux hommes qui viendront après nous ; afin que les travaux des siècles passés n'aient pas été inutiles pour les siècles qui succéderont ; afin que nos neveux devenus plus instruits, deviennent en même temps plus vertueux et plus heureux ; et que nous ne mourions pas sans avoir bien mérité du genre humain ».

Dans ce reflet du tout par l'une de ses parties, c'est la philosophie de l'entreprise qui se donne à lire, ainsi focalisée : celle des Lumières.

Une philosophie qui, contre toutes les forces de l'obscurantisme, exalte les valeurs de la connaissance, et du libre examen. Une philosophie qui voit dans la raison la source vive d'une éthique et d'une politique favorables au déploiement des virtualités des individus et à l'instauration de rapports sociaux fondés sur la justice.

Mais le mouvement encyclopédique fut aussi la conscience collectivement prise des conséquences économiques, culturelles et politiques immenses qu'enveloppait le bouleversement technologique dont l'Europe était alors secouée.

C'est peut-être le discours préliminaire écrit par d'Alembert qui le dit avec le plus de force, lorsqu'il définit les « deux objets » de l'Encyclopédie.

« L'ouvrage que nous commençons (et que nous désirons définir) a deux objets : comme *Encyclopédie*, il doit exposer autant qu'il est possible l'ordre et l'enchaînement des connaissances humaines ; comme *Dictionnaire raisonné* des *sciences*, des *arts* et des *métiers*, il doit contenir sur chaque science et sur chaque art, soit libéral, soit mécanique, des principes généraux qui en sont la base, et les détails les plus essentiels qui en font le corps et la substance. »

D'où cette immense enquête sur les métiers, dont les nombreux articles que nous dirions aujourd'hui « technologiques » de l'*Encyclopédie* sont le compte rendu fidèle, et dont les très célèbres planches sont le témoignage le plus connu.

Ces planches dont la précision suscite aujourd'hui encore l'admiration sont, comme l'a bien montré le professeur Jacques Proust, une véritable mise en scène qui révèle l'esprit même de l'enquête : lever les secrets de fabrication pour briser le monopole des corporations et instaurer, à partir de cette diffusion du savoir technique par l'imprimerie, les conditions d'une mutation économique accélérée.

Comment ne pas voir que sous ces deux aspects brièvement rappelés nous avons aujourd'hui à tirer des leçons du mouvement encyclopédique ?

La montée d'idéologies obscurantistes qui ont conquis un écho de masse, l'apparition de mouvements « anti-science » qui ont parfois reçu l'aval silencieux ou même explicite et bavard de chercheurs renommés, la floraison de spéculations para-scientifiques comme l'astrologie, ou la parapsychologie qui, relayées par les médias de masse, masquent le partage entre science et charlatanerie et exploitent la crédulité de leur public à des fins intéressées : tous ces phénomènes spectaculaires, connus de tous, qui se déploient comme l'ombre portée de l'avancée des sciences et techniques, nous invitent indéniablement à reprendre, sous des formes adaptées à notre temps, le combat des Lumières.

Ce combat ne saurait bien sûr être la simple réactivation d'une philosophie qui portait elle aussi la marque de son époque. Et c'est le grand mérite des membres de la commission Diderot de l'avoir compris et affirmé dans le schéma général de la *Nouvelle Encyclopédie*.

L'idée en particulier d'établir un ordre systématique des connaissances scientifiques rationnellement fondé est aujourd'hui condamnée par l'allure même des développements du savoir, qui déjouent les classifications, brouillent les frontières disciplinaires, déconnectent des problématiques autrefois associées pour en connecter d'autres par surprise, qui n'avaient pas de rapports de voisinage apparents : ainsi naguère de la linguistique et de la biologie moléculaire, aujourd'hui de l'astrophysique et de la microphysique.

Mais l'effort immense des encyclopédistes pour lutter contre l'ignorance, leur désir de répandre partout l'esprit de recherche et le goût du libre questionnement, voilà une saine inspiration pour combattre les démons qui nous hantent.

L'idée que la discussion la plus large et la plus ouverte, où puissent s'exprimer les opinions divergentes, voire contradictoires, qui ont cours sur l'avenir du savoir et sur les enjeux de la science ; voilà aussi une idée simple et forte dont nous pouvons, dont nous devons, faire notre profit contre tous les dogmatismes.

## *Réintégrer la culture technique dans la culture générale*

C'est en tout cas la voie pour « établir un nouveau rapport social à la science » comme Dominique Lecourt le souligne dans le rapport sur la *Nouvelle Encyclopédie* qu'il m'avait remis en mars 1983.

Sous le deuxième aspect, il convient de remarquer que l'*Encyclopédie*, par la diffusion qu'elle a organisée des savoirs techniques, et le rapprochement qu'elle a permis d'opérer entre culture littéraire et culture technique, a ouvert un siècle de création dont est né le monde moderne.

L'une des tâches de la *Nouvelle Encyclopédie* sera de contribuer à réintégrer la culture technique dans la culture générale, après un divorce qui, dans notre pays, n'a que trop duré.

Dans un monde où chaque citoyen rencontre dans sa vie quotidienne les sciences et les techniques sous les espèces de résultats le plus souvent énigmatiques, et de moyens d'action puissants qui suscitent chez lui craintes irraisonnées ou espoirs illusoires, il convient que chacun ait les connaissances suffisantes pour être en mesure de juger.

C'est ce qu'exprimait fort bien Bertrand Gille, qui a tant fait pour la culture technique dans notre pays, lorsqu'il soulignait que les hommes sont, toujours plus nombreux, confrontés à un « milieu technique » sur lequel ils n'ont guère de prise intellectuelle, il demandait qu'ils acquièrent tous le minimum de connaissances et de savoir-faire grâce auxquels ils pourront se réapproprier leur environnement.

Il importe qu'ils puissent prendre une vue d'ensemble sur les principales mutations technologiques en cours : micro-électronique, télématique, biotechnologies, nouvelles utilisations de l'énergie et des matières premières.

### *Favoriser l'enseignement technique*

Cela suppose un immense effort. C'est pourquoi je vais prendre, avec M. Roland Carraz, secrétaire d'État chargé de l'Enseignement technique et technologique, un ensemble de mesures visant à la revalorisation de l'enseignement technique ; à faire de la culture technique un élément indispensable de la culture générale, au niveau des écoles, des collèges et des lycées ; à développer les filières de formation professionnelle comme filières de réussite.

La *Nouvelle Encyclopédie* doit participer à cet effort, et le compléter en conviant nos élèves à réfléchir sur les enjeux culturels, économiques, politiques et sociaux du progrès technique. Ainsi seront organisés dans les lycées une série de débats sur les questions de la recherche vivante au cours de la présente année scolaire. Ces débats seront une occasion pour les établissements d'accueillir les chercheurs, les ingénieurs et les techniciens de haut niveau qui participent au mouvement encyclopédique.

Nos élèves accéderont ainsi à une meilleure connaissance des métiers de la recherche et des réalités du monde économique. L'occasion leur sera offerte simultanément d'avoir un contact direct avec l'esprit de recherche, avcc ses exigences critiques comme avec les saccades de la création.

Ces débats seront placés sous la responsabilité de l'enseignant qui en aura pris l'initiative en coordination avec la Mission pour l'Encyclopédie. Les élèves et les enseignants seront invités à participer à la préparation des divers produits encyclopédiques, qui verront le jour en 1986.

Puisque c'est un des aspects sous lequel la *Nouvelle Encyclopédie*, fidèle à sa devancière, innove de façon spectaculaire, j'indique que les élèves et les enseignants seront tout spécialement incités à participer à la mise au point des produits audiovisuels et informatiques prévus.

Le ministère de l'Éducation nationale organisera en particulier un concours de logiciels pédagogiques, il mettra des moyens à la disposition des équipes qui présenteront les projets les plus intéressants et pourront être réalisés dans le cadre des projets d'action éducative à caractère scientifique et technique.

Dans un monde où le développement des sciences et des techniques marque d'une empreinte toujours plus forte nos modes de vie, et bouleverse à grande allure nos concepts du monde et de la société, un immense effort de réflexion et de lucidité est exigé de tous, pour mieux comprendre les enjeux des avancées et des retombées du savoir contemporain.

En participant à l'élaboration de l'*Encyclopédie*, c'est certes à la reconnaissance de l'essentielle dimension technique et scientifique de notre culture que nos élèves seront invités, mais c'est aussi, en définitive, à l'exercice de leur responsabilité de citoyens dans les conditions de notre temps qu'ils seront préparés.

## 9. Lettre à M. Edmond Maire, secrétaire général de la C.F.D.T.*

*Monsieur le Secrétaire général,*

*Je n'ai pas voulu répondre avant le 3 décembre*[1] *à votre lettre datée du 15 novembre. Naturellement, je ne sépare*

* Paris, 5 décembre 1984.

1. Date des élections professionnelles au sein de l'Éducation nationale. *(Note de l'éditeur.)*

*pas celle-ci de la conférence de presse que vous avez donnée le lendemain ni de l'interview que vous avez accordée au journal* Le Monde *le 29 novembre.*

*Parce que j'éprouve naturellement estime et considération pour une grande organisation syndicale comme la C.F.D.T., j'attends d'elle une contribution responsable à la nécessaire mobilisation du pays pour un effort éducatif accru et pour la revalorisation de l'École publique que j'entends conduire. Je ne pense pas que le procès d'intention puisse servir ce dessein.*

Sans doute commencez-vous par admettre que l'école a pour fonction essentielle la « transmission des savoirs ». Je me réjouis de cet acquis. *Mais c'est pour ajouter tout aussitôt que le rappel de cette mission induirait « une école à deux vitesses », faute qu'aient été réunis « les moyens permettant à tous les enfants d'assimiler ces savoirs ».*

*Que je souligne l'importance de la lecture — entre nous le meilleur moyen « d'apprendre à apprendre » — ne devrait pas vous donner « froid dans le dos » (votre conférence de presse du 16 novembre). La plupart des parents pensent comme moi.*

Qui ne voit en effet que la sélection par l'échec (en fait l'exclusion) qu'on peut justement reprocher à notre système scolaire résulte déjà largement de ce que 20 p. 100 des élèves entrant en 6e ne savent pas lire ? *Depuis quand serait-il « élitiste » de mettre l'accent sur la nécessité pour tous les enfants de maîtriser les langages fondamentaux ? Depuis quand l'accent mis sur le savoir serait-il la marque d'une conception conservatrice ? Est-il conservateur de préférer la lumière à l'obscurité ?*

*La généralisation de la préscolarisation à trois ans, la politique des zones d'éducation prioritaires et l'accent mis sur le rôle de la lecture le plus tôt possible à l'école primaire procèdent d'une même volonté de donner à tous les enfants des chances plus égales au départ.*

*Mais ce n'est pas parce qu'on dit non à la dévalorisation*

*du savoir qu'on dit non à la pédagogie. Si tel était le cas, ce serait méconnaître ce qui est l'essence même de la fonction des enseignants, dont il m'arrive souvent de dire qu'elle est la plus belle de toutes. Mais naturellement il n'y a pas de pédagogie du vide : la pédagogie est un moyen pour faciliter l'acquisition des connaissances.*

*Les décisions que j'ai rendues publiques en ce qui concerne la réforme des collèges n'auront-elles pas d'ailleurs pour effet l'introduction d'une pédagogie différenciée dans tous les collèges d'ici à 1988 et dans la moitié d'entre eux en 1986, ce qui rendra — soit dit en passant — cette réforme irréversible ? Réforme heureuse si vous voulez bien m'accorder* qu'une meilleure formation des maîtres, l'accent mis sur le travail personnel des élèves et enfin la révision des contenus d'enseignement seront au moins aussi importants pour bâtir le « collège de la réussite » qu'une nouvelle organisation pédagogique, *qui devra d'ailleurs être mise en œuvre avec la rigueur souhaitable.*

*En quoi la politique que j'impulse est-elle une « conception réductrice et finalement élitiste des missions de l'école » ? L'accent mis sur la formation de base* pour tous les enfants, *la réforme des collèges, l'effort accru de formation des maîtres, la revalorisation de l'enseignement technique qui doit être bâti comme une filière continue de réussite, le développement des seconds cycles secondaires et des enseignements supérieurs — qui doit aboutir à un accroissement substantiel du nombre des grands élèves et des étudiants — toutes ces actions concourent à une politique démocratique qui lie indissociablement selon l'expression de Paul Langevin « la sélection des meilleurs » et « la promotion de tous ».*

L'école est au service du pays : *la France a besoin de toujours plus d'ingénieurs, de scientifiques, de techniciens, d'ouvriers hautement qualifiés, de cadres. En quoi mettre l'accent sur la compétence nécessaire pour y parvenir peut-il heurter l'exigence démocratique ? La démo-*

*cratie ne consiste-t-elle pas, au contraire, à permettre à chaque enfant d'aller aussi loin que le lui permettent ses capacités ?* « L'élitisme républicain » *dont vous me faites grief est à l'opposé de la « sélection naturelle » parce qu'*il vise justement à faire dépendre la réussite des enfants non plus des privilèges de la naissance ou de la fortune mais de leurs seuls talents. *Vous avez reconnu là la formulation qui est celle de la Déclaration des droits de l'homme et du citoyen. En l'occurrence le programme tracé reste toujours à accomplir. Il fait partie des missions de l'École de la République.*

*Vous dites craindre une « coupure entre les deux écoles », faute d'une suffisante prise en compte par l'École publique des « préoccupations de la pédagogie ». Mais ce qui fait justement* l'originalité de l'École publique dans notre pays, c'est l'accent mis sur les valeurs de la connaissance. *Qu'est-ce que la laïcité, en effet, sinon à la fois le goût du savoir et de l'esprit critique, et le refus d'enseigner ce qui n'est pas connaissable, par respect pour la conscience de l'enfant ? En même temps qu'elle instruit, l'École républicaine éduque à la liberté. Pour vouloir et agir librement, il faut d'abord comprendre.*

*Vous approuvez par ailleurs la vaste concertation que j'ai mise en route dès mon arrivée 110, rue de Grenelle entre l'Éducation nationale et les entreprises, mais vous demandez des « avancées » dans trois directions complémentaires : l'autonomie des établissements, la redéfinition des contenus de formation, et la revalorisation des enseignements technologiques. Seule une mauvaise information peut vous faire croire que j'aurais « évité jusqu'ici ces sujets clefs pour l'avenir de l'École ». J'ai eu l'occasion de m'exprimer à plusieurs reprises sur chacun de ces sujets.*

*Qu'il s'agisse du rôle de la culture technique et de l'introduction de la technologie au collège, de la redéfinition des contenus, de l'extension des 4^es^ et 3^es^ expérimentales en L.E.P., d'une mixité accrue des flux d'élèves vers les filières d'enseignement scientifique et technique, l'action que je mène va, me semble-t-il, au-devant des vœux que vous exprimez sur ces différents points.*

*Certes, je crois que la décentralisation du système éducatif doit être un élément de la rénovation du service public et non une étape vers son démantèlement, que suivrait sans tarder la privatisation que certains appellent de leurs vœux.*

*Certes, je ne crois pas à l'opposition de « savoirs concrets » à un « savoir abstrait » : tous les enfants peuvent apprendre et doivent accéder à la pensée logique.*

*Je ne vous ferai pas à mon tour de procès d'intention. Tous les hommes de progrès doivent relever ensemble le défi de la démocratisation : réussir un enseignement de masse sans compromettre mais au contraire en élevant sa qualité. Je compte pour cela sur tous les enseignants.*

*Ce n'est pas être tourné vers le passé, mais vers l'avenir, que de mettre l'accent sur une bonne formation de base, dès l'école élémentaire puis au collège. L'avenir des métiers est trop incertain pour qu'on puisse se dispenser du socle d'une telle formation de base, pour préparer tous nos jeunes aux changements professionnels qu'ils rencontreront inévitablement sur leur chemin. Ce serait un artifice trop facile et à vrai dire peu admissible de m'imputer je ne sais quel dédain pour l'échec scolaire parce que je mets l'accent sur la réussite à laquelle tous les enfants doivent se sentir appelés.*

*La jeunesse n'attend de nous nulle flatterie mais un langage exigeant. Le tenir, c'est être moderne.*

*Vous avez souhaité, m'écrivez-vous, vous exprimer franchement. En espérant que vous n'aurez pas trouvé ma franchise inférieure à la vôtre, je vous prie de croire, Monsieur le Secrétaire Général, à l'assurance de ma considération distinguée et de mes sentiments cordiaux.*

# 10. « Les causes de l'échec sont d'abord sociales* »

*« Les chances que la France a de relever les défis technologiques tiennent à son capital intellectuel et, par conséquent, à la capacité de son école à le faire fructifier »*

[...] J'ai donc été amené à mettre l'accent sur l'importance des savoirs et de leur transmission par des maîtres compétents ainsi que sur la valeur de l'effort, sans lequel aucune acquisition des connaissances tant soit peu approfondie, n'est possible. Plus encore que l'effort d'ailleurs, dont l'enfant se montre souvent capable, c'est sa continuité qui importe. Car seul un effort soutenu permet d'approfondir et d'organiser ses connaissances.

Ceux qui critiquent ces orientations me paraissent ignorer ou oublier à quelle redoutable concurrence internationale nous sommes aujourd'hui confrontés, dans le domaine des sciences et des technologies industrielles, avec les grands pays industrialisés. Les chances que la France a de relever ce défi — en soi salutaire — tiennent pour l'essentiel à son capital intellectuel et, par conséquent, à la capacité de son école à le faire fructifier. Il faut cesser de parler de l'enseignement comme si nous étions seuls au monde, comme si la compétition la plus vive n'existait pas entre les grandes nations. Se donner les moyens d'y participer avec succès, c'est remettre à l'honneur la connaissance sous toutes ses formes, y compris celles qui peuvent apparaître « gratuites » parce qu'on n'en voit pas immédiatement les effets et les applications possibles. Dans les divers domaines, des détours plus ou moins longs sont en effet nécessaires et doivent être acceptés, qu'il s'agisse de développer l'intelligence, de former la sensibilité par le moyen des disciplines artis-

* Réponse à une enquête de *La Croix*, 13 décembre 1984.

tiques ou d'apprendre la maîtrise du corps par l'éducation physique et sportive. L'idée d'un détour nécessaire signifie que l'école est toujours le lieu où se refuse l'urgence de l'action ou de la satisfaction immédiate dans la perspective d'un pouvoir accru sur l'avenir.

On a répété à satiété, à la suite de Montaigne, qu'une tête bien faite valait mieux qu'une tête bien pleine. Sans doute, mais Montaigne n'a jamais pensé qu'une tête bien faite fût pour autant une tête vide. Montaigne fut lui-même un homme fort savant : il suffit pour s'en convaincre de parcourir les *Essais* ; Montaigne fut savant selon la science de son temps, qui était la connaissance érudite des Anciens. Il a prouvé lui-même que le savoir, sous quelque forme que ce soit, n'est pas incompatible avec une réflexion critique et vivante. L'opposition du contenu et de la forme, des connaissances et de l'aptitude à la réflexion critique est une opposition qu'il faut savoir dépasser.

Qu'il s'agisse de formation initiale ou continue, l'acquisition du savoir n'est pas un acte mécanique. Elle suppose toujours l'activité intellectuelle de celui qui apprend — jeune ou adulte —, sa participation au processus cognitif. Elle réclame à cet effet des méthodes adaptées aux différents types d'élèves, des pédagogies différenciées dont le maître est juge dans son enseignement. Je suis parfaitement conscient des difficultés parfois considérables auxquelles se heurtent des maîtres compétents et dévoués. C'est alors qu'il faut faire appel à des méthodes nouvelles, afin qu'en dépit des obstacles, l'élève parvienne à s'approprier le savoir du maître, c'est-à-dire à le rendre vraiment sien. Car ce qu'on n'a pas réussi à penser soi-même, on ne le sait pas vraiment. L'élève est si peu une bouteille vide qu'il est au contraire riche d'images, d'idées encore confuses, de bribes de savoirs mal élaborés. Il y a là des obstacles que la pédagogie doit permettre de surmonter, mais également des éléments positifs qu'elle peut repérer et valoriser.

Mais s'il n'y a pas de véritable appropriation du savoir sans mise en œuvre d'une pédagogie adaptée aux élèves qu'on a devant soi, il n'y a pas non plus de pédagogie générale, de savoir-faire qui vaudrait indépendamment de tout contenu, de règles formelles qui permettraient de communiquer n'importe quel « message ». Il n'y a de pédagogie que par rapport à des contenus disciplinaires déterminés. Mettre l'accent sur l'importance des savoirs, ce n'est pas nier la valeur des diverses pédagogies, mais combattre le formalisme pédagogique, qui s'installe lorsque les contenus se sont évaporés ; c'est refuser de céder au vertige des préalables méthodologiques qui diffèrent indéfiniment le moment où le maître commencera à parler de quelque chose.

L'école moderne — j'entends par là celle qui se montre capable de répondre aux besoins actuels du pays — ne peut être que celle du savoir. Celui-ci ne relève pas seulement de la formation initiale mais aussi de la formation continue de l'adulte. Jusqu'ici la formation continue a été conçue sur le modèle de la formation initiale et comme son complément. L'Éducation nationale n'a pas encore développé sur une assez grande échelle son action de formation continue. Il m'apparaît désormais essentiel de développer la formation continue, d'en faire une formation à part entière, avec ses contenus et ses méthodes pédagogiques spécifiques. Notre école doit être l'école de la formation permanente.

Si, par malheur, l'école renonçait à instruire ceux qui lui sont confiés, préférant à cette tâche ardue, ingrate dans certaines conditions, mais essentielle, une tâche d'animation, elle se ferait complice des inégalités sociales et culturelles les plus criantes. Car où donc les enfants qui sont totalement démunis dans leur milieu familial trouveront-ils ce que l'école de la République a mission de leur donner ? Les causes de l'échec scolaire, des abandons prématurés sont d'abord sociales : ce sont les difficultés du milieu où vit l'enfant qui les déterminent. L'école est confrontée à une très grande diversité sociale et culturelle, mais ce n'est pas en renonçant à instruire, c'est au contraire en mettant tout en œuvre dès l'école élémentaire, pour permettre au plus grand nombre possible d'enfants de s'approprier une langue, une culture, des connaissances, toutes choses indispensables à l'accomplissement d'une vie d'homme, que l'école républicaine pourra efficacement lutter contre l'inégalité et l'injustice, devenir l'instrument d'une promotion et non d'une reproduction sociale.

En parlant d'élitisme républicain, je n'ai rien voulu dire d'autre que ceci : l'école doit conduire par l'instruction chaque élève au maximum de ses possibilités, elle ne doit pas se borner, comme on le lui a parfois reproché avec quelque raison, à dégager une élite en se désintéressant plus ou moins de tous les autres, mais elle doit faire en sorte que chacun puisse s'accomplir pleinement en tant qu'homme et exercer dans la société la fonction qui répond le mieux à ses talents. Seule une telle conception, qui réconcilie les exigences de la justice et celles de l'intérêt national, est réellement moderne, car le pays a besoin de mobiliser toutes ses ressources humaines pour relever le défi de sa modernisation. Comme la République, l'école de la République est, par les temps qui courent, l'idée la plus neuve qui soit.

# 11. Les grands dossiers de l'école*

## *Les valeurs fondamentales de l'école*

— *Certaines lettres de nos lecteurs s'interrogent sur le fait que vous voulez « revenir aux fonctions et aux méthodes traditionnelles de l'école ».*

— Je n'ai jamais utilisé cette expression. Il ne s'agit pas de revenir à un âge d'or qui n'a jamais existé. J'ai simplement mis l'accent sur la nécessité de revenir aux valeurs fondamentales qui ont fait la force de l'école de la République. L'amour du bon travail, le sens de l'effort sont indispensables pour l'acquisition des savoirs fondamentaux, d'autant plus nécessaires aux enfants des classes populaires qu'ils ne les acquièrent pas hors de l'école. Le discours selon lequel l'école aurait simplement pour but de rendre heureux les enfants m'apparaît un peu court et même franchement antisocial. L'école a pour but de transmettre des connaissances et, ce faisant, de former les esprits. Et les enfants seront d'autant plus heureux qu'ils auront acquis des savoirs et des méthodes qui leur permettront d'exercer des métiers épanouissants. La pédagogie est un moyen utile et même indispensable. Elle n'est pas une fin en soi pour l'école.

— *« L'école est bloquée », écrivent plusieurs de nos lecteurs. Pourquoi cette inertie ? Envisagez-vous de faire avancer les choses ?*

— Ce constat, me semble-t-il, correspond souvent plus à une idéologie qu'à l'observation rigoureuse de la réalité. Depuis une quinzaine d'années, il s'est développé des thèses assez hostiles à l'école, allant jusqu'à nier son uti-

* Entretien avec *La Vie*, 29 novembre 1984. Propos recueillis par Jean-Claude Escaffitt.

lité. On lui impute la responsabilité de phénomènes qui la dépassent. Chacun sait que la famille est en crise. Chacun sait que l'économie supprime chaque année 250 000 emplois. On ne peut pas dire que l'école n'éduque plus, c'est trop simple. On ne peut pas dire qu'elle crée des chômeurs, c'est trop rapide.

En réalité, l'école a fait un gros effort pour s'adapter. Nous aurons, par exemple, installé à la fin de 1984, 35 000 micro-ordinateurs dans les écoles. Qui peut en dire autant, non seulement en Europe, mais même dans le monde ? Je vois quantité d'enseignants très motivés qui innovent dans beaucoup de domaines. Lorsqu'on va sur le terrain, on s'en aperçoit. Je n'ai pas le sentiment d'un monde aussi ossifié et sclérosé qu'on le dit. Il ne faut pas culpabiliser les enseignants par principe !

— *Votre analyse est donc optimiste ?*

— Elle n'est pas optimiste. Elle est critique à l'égard d'un « ronron » antiscolaire dans lequel on s'est habitué à fonctionner depuis 1968. On s'en prend à l'école, tantôt parce qu'elle reproduirait les inégalités existantes, tantôt parce qu'elle endoctrinerait. Et l'on finit par oublier sa fonction essentielle et indispensable. Je souhaite dire à vos lecteurs que quelque critique qu'on puisse faire (et, naturellement il n'est pas d'institution à l'abri de la critique) on ne doit pas mettre en cause l'institution scolaire elle-même.

## *Les rythmes scolaires*

— *Tout le monde s'accorde à dire, depuis plus de dix ans, que les rythmes scolaires sont mal adaptés. Mais rien n'a bougé pour autant.*

— Mais tous ceux qui pensent que les rythmes sont mal adaptés, sont-ils bien d'accord entre eux ? Quelquefois, ceux qui déplorent des programmes surchargés sont les mêmes qui se plaignent de la « baisse de niveau ».

En ce qui concerne le rythme hebdomadaire, j'envisage de permettre le transfert des cours du samedi matin au mercredi, de manière décentralisée. Les rythmes scolaires correspondent toujours à des rythmes sociaux. Si les vacances sont traditionnellement si longues en été, c'est que la France était un pays rural. Au XIXe siècle, il fallait libérer les enfants à cause des moissons.

Nous avons commencé à raccourcir les vacances d'été qui ne durent guère plus de deux mois entre le début juillet et le début septembre. Par ailleurs, aujourd'hui, alors que la France s'est urbanisée, que la pratique des week-ends s'est beaucoup développée, j'envisage de permettre aux inspecteurs d'académie, en fonction des besoins locaux, de libérer le samedi matin, sur proposition des conseils de secteur et du conseil départemental de l'éducation. Il faut tenir compte également de l'avis d'un certain nombre de spécialistes du développement de l'enfant. Mais j'ai tendance à penser que c'est possible, car aucun pays, parmi ceux qui nous entourent, ne fait cours le samedi matin.

— *L'expérience de journées allégées, d'ailleurs plus nombreuses dans la plupart des pays anglo-saxons, ne donne pas l'impression de fabriquer des cancres.*

— Mais l'année scolaire y est plus longue de parfois plus d'un mois. Il n'empêche que dans les pays étrangers, et en particulier les pays anglo-saxons que vous citez, la crise de l'institution scolaire est une idée généralement répandue. Aux États-Unis, le rapport Gardner prétend que 40 p. 100 des enfants du secondaire sont incapables de déchiffrer un texte de force moyenne. Baisser le nombre d'heures de cours, j'entends bien. Mais, dans quelle matière ? Alors là, les choses se compliquent ! Tout le monde veut faire plus d'histoire, par exemple. Personne ne conteste la réintroduction de l'instruction civique. Si l'on ne veut pas gonfler inconsidérément les programmes, il faut bien trancher.

On demande souvent à de jeunes lycéens un travail qui va jusqu'à trente-cinq heures par semaine. C'est excessif.

C'est vrai surtout pour les filières scientifiques, de plus en plus sélectives. J'entends corriger ces excès.

## *... se garder des grands mots*

*— Le tutorat, est-ce une idée intéressante à vos yeux ?*

— C'est une idée vieille comme le monde. S'intéresser à l'enfant, aux problèmes particuliers qu'il rencontre, tous les maîtres, en principe, doivent savoir faire cela. Je préfère proposer le développement des études surveillées qui sont le cadre nécessaire au travail des enfants défavorisés. Il faut se garder de grands mots qui, comme bien souvent dans l'Éducation nationale, sont le prétexte de guerres de religion et désorientent certains de ceux qui sont chargés de l'éducation des enfants.

*— Un problème beaucoup évoqué à l'occasion de la rentrée scolaire, mais qui la dépasse : celui des heures non assurées et des remplacements des maîtres absents. Comment allez-vous pouvoir envoyer des maîtres en formation continue alors que vous ne pouvez pas toujours les remplacer quand ils sont malades ?*

— Vous avez raison, c'est un des vrais problèmes auxquels je me heurte. Je ne dispose que de crédits insuffisants : moins de 4 % du total des heures de cours pour un absentéisme de 6 %. Cela veut dire que des absences ne sont pas compensées bien qu'une véritable politique de remplacement ait été mise en œuvre depuis 1981. Les absences de courte durée, souvent imprévisibles, pourraient être mieux compensées si les chefs d'établissements pouvaient introduire plus de souplesse dans les emplois du temps. On pourrait imaginer dans la semaine ou sur plusieurs semaines des rythmes différents selon les matières. J'ai mis sur pied un groupe de travail pour étudier les mesures qu'il conviendrait de prendre pour remédier à ces absences qui sont, en effet, mal vécues. Cette situation n'existait pas dans le privé dans la mesure où celui-ci procédait aux remplacements sans problème et envoyait la facture, ensuite, aux autorités académiques.

— *Vous seriez partisan d'une plus grande autonomie des établissements dans la gestion et le recrutement du personnel ?*

— Je me méfie des propositions qui, à travers le chèque scolaire ou la remise en cause du statut national des enseignants, aboutiraient au démantèlement du service public. Il faut trouver des solutions à l'intérieur du service public. Les pays qui ont une gestion très décentralisée de leur corps enseignant, comme l'Allemagne, en mesurent aussi les inconvénients et le modèle scolaire anglo-saxon ne me paraît pas plus enthousiasmant. [...]

— *Sur le chapitre de la vie à l'école, la carence de surveillants est soulignée aussi bien par les parents que par les élèves eux-mêmes. Avez-vous l'intention de faire quelque chose ?*

— Oui, j'ai l'intention de faire un gros effort pour qu'il y en ait davantage. Je suis en train d'étudier, en utilisant les T.U.C. (Travaux d'Utilité Collective) la possibilité de dégager des crédits supplémentaires pour rémunérer des bacheliers.

— *Certains s'inquiètent de la disparition progressive de la médecine scolaire et des assistantes sociales ?*

— Non, il n'y a pas de raison. Il est prévu de transférer les services de la santé scolaire au ministère de l'Éducation nationale, à partir du 1er janvier prochain. Mais c'est une vieille affaire, puisque c'est en 1964 que la santé scolaire avait été dégagée de l'Éducation nationale...

## *Les parents*

— *Enfin, la place des parents : à quand une réelle participation ? Ils se sentent de plus en plus sollicités, mais écartés des décisions constructives.*

— Les parents ont un rôle important à jouer. Il doit

être encore renforcé au niveau des conseils d'établissements par la représentation tripartite. Il est souhaitable que les parents s'investissent, mais en prenant en compte l'intérêt de l'école tout entière. Ils peuvent jouer un rôle positif au niveau de l'aide aux devoirs, de l'orientation, c'est-à-dire des carrefours des carrières, au niveau de la participation à des projets d'action éducative, des ateliers divers, de la cantine.

— *Dans l'antichambre de l'école, en somme ?*

— Vous ne pouvez pas remplacer les enseignants par les parents. Ce n'est pas leur métier. Je me réjouis que les parents s'investissent dans l'éducation de leurs enfants. Hélas ! ce n'est le fait que d'une minorité.

— *« Pour que les enfants, parents et enseignants aient conscience d'être adhérents d'un groupe, nous écrit un parent, il faut qu'ils aient part au choix, comme dans le privé. » Où en est l'idée d'assouplissement de la carte scolaire dans le public ?*

— Il y a des expériences qui ont été faites. Mais je suis obligé de tenir compte de la nécessité du brassage. Il faut éviter qu'il y ait une école pour immigrés et une pour petits-bourgeois. La question décisive est de savoir si on veut que l'Éducation nationale reste un service public ou si on préfère la livrer au marché. Pour la gauche, mais aussi pour beaucoup de parents qui ne votent pas à gauche, je suis sûr de la réponse.

— *Vous venez de rétablir l'instruction civique. Certains demandent si vous avez l'intention de revenir aussi à la morale ?*

— Avec l'éducation civique, il s'agit de donner aux enfants les rudiments des droits et des devoirs du citoyen qui sont à la base d'une démocratie. La morale, comme règle élémentaire de savoir-vivre en société, fait partie de l'éducation civique, dans la mesure où elle ne blesse aucune conscience.

# II

# Apprendre pour entreprendre

QUAND on demande à des chefs d'entreprise quel genre de formation ils attendent que l'école donne aux jeunes, ils répondent : « Apprenez-leur d'abord à lire et à écrire le français. »

C'est, de la part même de ceux qui se trouvent aux avant-postes du combat économique, la confirmation qu'une bonne préparation à l'emploi repose avant tout sur une bonne formation générale.

Ainsi, les mutations technologiques actuelles, et les redéfinitions professionnelles qu'elles entraînent, ne dispensent pas l'école de diffuser les apprentissages fondamentaux, ni les élèves de les recevoir.

Mais il est vrai également que la crise et la compétition économiques — dont une des conséquences en France et dans d'autres pays est le chômage des jeunes — nous imposent de renforcer la nécessaire articulation de la formation et de l'emploi.

Actuellement, la réconciliation du système scolaire avec les impératifs du monde économique passe par des dispositions et des mesures engageant à la fois le présent et le futur.

Il s'agit, pour commencer, de rapprocher l'enseignement de l'économie, jusqu'à les faire communiquer entre eux ; d'instaurer une véritable coopération entre l'école et l'entreprise, pour mieux mettre en cohérence les filières de formation et les filières de production ; de tirer, sans complaisance, le bilan des formations initiales, pour connaître celles qui sont inopérantes et sans avenir, et celles dont il faut encourager le développement.

La mission nationale « Éducation-Entreprise » a précisément pour objet de favoriser et de rassembler toutes les initiatives dans ce sens : jumelages « écoles-entreprises », révision des cartes de formation, etc. Il va sans dire que ce rapprochement doit être à double sens, et profiter à chacun des deux partenaires, l'école acceptant, le cas échéant, de participer à la formation continue des salariés de l'entreprise (voir « Éducation-économie », p. 106).

Il faut ensuite revaloriser non seulement l'enseignement, mais aussi la culture technique dans notre pays : l'un et l'autre sont trop souvent méprisés. C'est pourquoi la technologie fera désormais partie des matières enseignées à l'école ; c'est pourquoi l'enseignement technique recevra davantage de moyens, et sera rénové ; c'est pourquoi seront encouragées toutes les initiatives tendant, comme les projets d'action éducative scientifiques et techniques, à introduire la technologie vivante dans l'école (voir « Les projets d'action éducative », p. 110 ).

Dans un monde où la maîtrise des techniques détermine le déclin ou le progrès des nations, la France ne peut demeurer ce pays où l'orientation vers l'enseignement technique s'opère sur les bases de l'échec et selon des critères négatifs. Il importe à son avenir que la filière technologique devienne une filière continue de la réussite.

Enfin, l'école doit ouvrir grandes ses portes aux différents aspects de la révolution technologique contemporaine. Cela signifie *s'équiper* conformément aux techniques nouvelles ; *former* des cadres, des spécialistes, des techniciens adaptés à la nouvelle définition des contenus professionnels, former des *formateurs* experts dans les nouvelles technologies.

Ce triple programme, l'Éducation nationale a déjà entrepris de le réaliser. Ainsi pour l'informatique : plus de 35 000 micro-ordinateurs sont implantés dans les établissements, et plus de 20 000 professeurs sont formés à cette discipline récente.

On sait que l'ère de la communication nouvelle est arrivée, avec le vidéo-disque, le disque audionumérique, le micro-ordinateur, etc. L'Éducation nationale suscite une politique de programmes, exploite les possibilités éducatives ainsi dégagées, forme des spécialistes. On attend, avec la révolution du câble, six millions de prises de ce type d'ici à 1992 : l'Éducation nationale s'engage à « fournir » 10 000 spécialistes en câble à cette échéance. (Voir « La communication », p. 114.)

On le voit, le pari est d'importance. Il propose au système éducatif français de sortir du bricolage et de l'artisanat technologiques, pour prendre la direction du mouvement et devenir la première force d'innovation du pays. C'est au prix de cet effort que l'Éducation nationale pourra jouer le rôle qui lui incombe aujourd'hui : être le fer de lance de la modernisation.

## 1. Éducation - Économie*

Notre pays est confronté à un immense défi de mutations technologiques. La première réponse ne peut être qu'un effort sans précédent pour élever le niveau de formation des Français, aussi bien dans la formation initiale que dans la formation permanente.

L'Éducation nationale est concernée au premier chef. Les entreprises le sont aussi, qui ne peuvent soutenir la concurrence internationale qu'en investissant massivement dans la formation. Ce que font d'ailleurs les plus dynamiques d'entre elles.

* Conférence de presse à l'occasion de l'installation de la mission nationale Éducation-Entreprise, Paris, 26 novembre 1984.

*Développer le dialogue...*

Les problèmes de formation se posent maintenant de façon nouvelle aussi bien dans l'école que dans l'entreprise. Sans une mise en commun des réflexions des uns et des autres, il n'y aura pas d'avancées significatives, notamment dans la modernisation des filières de formation professionnelle.

J'ai rencontré les grandes organisations syndicales et patronales : toutes ont été sensibles à la volonté qui est la mienne de développer le dialogue entre le monde économique et le monde de l'enseignement, et à l'idée de mettre en commun les réflexions menées sur l'amélioration nécessaire de l'articulation entre la formation et l'emploi.

J'aurais pu organiser, comme je l'ai fait pour la recherche, des assises nationales ; je ne l'ai pas souhaité, car cela demande du temps et des moyens importants et puis, concernant les problèmes de formation, ce n'était peut-être pas la meilleure formule ; j'ai préféré que soit engagée au niveau académique, à l'initiative et sous l'autorité des recteurs, une concertation décentralisée. L'objectif qui leur est assigné est de mener une concertation qui doit nous permettre de mettre mieux en cohérence les filières d'enseignement et les filières de production, en fonction des évolutions prévisibles de la recherche, de la technologie et des structures économiques.

Tout cela doit se faire, bien entendu, en fonction des réalités régionales et locales et en étroite collaboration avec tous les partenaires concernés.

*... décentralisé*

Les transferts de compétence, du fait de la décentralisation[1] rendront indispensable une collaboration étroite entre les régions et les services de l'État pour la mise en

1. Au 1er janvier 1986 pour les établissements du second degré.

œuvre des grandes orientations dans le cadre du schéma prévisionnel des formations.

## *Une mission nationale*

Pour aborder dans les meilleures conditions cette collaboration, l'Éducation nationale doit avoir son projet et une bonne connaissance du milieu économique régional.

Ces concertations Éducation nationale - Économie ont commencé dans les académies. Au-delà de ces actions, il m'a paru nécessaire qu'une mission nationale de réflexion et de proposition soit amenée, par un dialogue régulier avec les responsables académiques, à tirer les leçons des évolutions en cours.

J'ai confié la présidence de cette mission à M. Bloch, président de l'Institut polytechnique de Grenoble, en raison de son expérience universitaire, technologique, et dans le domaine de la coopération entre l'Éducation nationale et l'Industrie. Je lui ai proposé de s'entourer des concours de M. Chavance, conseiller du président de la C.G.E., de M. Thomas, professeur à l'université de technologie de Compiègne, de M. Bachelot, directeur de la formation à l'Union des Industries métallurgiques et minières, et des représentants des grandes organisations syndicales et professionnelles.

Se trouve ainsi concrétisé le fait que la réflexion sur les problèmes de la formation est aussi fondamentale pour l'entreprise que pour l'Éducation nationale et que l'enseignement supérieur, notamment technologique, doit également prendre ces problèmes à bras-le-corps.

## *Rechercher des modes de coopération entre l'école et l'entreprise*

La réflexion pourra s'articuler autour de quatre axes. Tout d'abord, la nature et l'importance des décalages entre l'école et l'économie sont à étudier. Un bilan sans complaisance des formations initiales doit être mené, par grands secteurs professionnels, dans un dialogue ouvert avec les partenaires de l'école.

La mission devrait également entreprendre une réflexion sur le rôle, le fonctionnement, les résultats des instances nationales de consultation, ainsi que sur les opérations conduites dans les académies dans le cadre des procédures d'élaboration de la carte scolaire.

Il n'est pas question de remettre en cause le travail de mise en ordre et d'actualisation des commissions professionnelles consultatives et du comité interprofessionnel consultatif, mais de rechercher une meilleure adéquation du dispositif actuel de concertation à la nécessité des mutations rapides.

Il serait sans doute également souhaitable de mieux articuler le système de décision avec les diverses sources d'information — telles que le S.I.G.E.S., le C.E.R.E.Q. ou l'A.D.E.P.

Les conséquences de la décentralisation doivent être, là, bien prises en compte. A ce titre, la concertation académique, mise en place à la rentrée, doit apporter des idées, des propositions dont l'analyse, la diffusion, la reprise au niveau national, doivent permettre de progresser.

En troisième lieu, la mission pourra utilement approfondir comment le développement des relations avec l'entreprise est susceptible de contribuer à la réalisation d'objectifs déjà définis, et qui tous relèvent du souci de mieux prendre en compte dans l'enseignement des préoccupations encore trop extérieures à l'école : introduction de la culture technique à tous les niveaux de formation générale, information économique, préparation à la vie professionnelle et à l'orientation scolaire. Il sera utile aussi d'examiner comment s'articulent et sont mises en cohérence les différentes disciplines, notamment dans les filières technologiques et professionnelles.

Enfin, la mission aura à étudier toutes les formes efficaces de coopération entre le monde de l'éducation et celui de l'industrie, qui peuvent contribuer à l'évolution de l'institution éducative. La mission est en mesure, grâce aux réseaux dont elle dispose (publics mais aussi professionnels), de faire l'inventaire et l'analyse des progrès actuels. Elle procédera notamment à un premier bilan des opérations de jumelage entre l'école et l'entreprise lancées à l'initiative du premier ministre.

Il faudra également étudier les apports des formations appuyées sur une expérience de l'entreprise comme les séquences éducatives en entreprise et les formations alternées, et ceux de la formation professionnelle continue, ainsi que des collaborations établies en matière de recherche.

Voilà [...] qui nous permettra de poursuivre l'œuvre de modernisation et d'ouverture de l'école au monde de l'économie que nous avons entreprise.

## 2. Les projets d'action éducative*

Notre tâche est aujourd'hui de faire face à l'impitoyable compétition économique, technologique et culturelle à laquelle notre pays est exposé. Il y va de notre indépendance. Dans cette compétition, la résignation n'est pas de mise ; elle serait suicidaire ; la France a en vérité les moyens d'une grande ambition si elle fait et gagne le pari de l'intelligence.

* Tours, 25 septembre 1984.

## *L'ouverture vers l'extérieur*

Cet effort doit se porter vers deux objectifs, distincts, mais à l'évidence complémentaires : améliorer la qualité de l'enseignement, en ne perdant jamais de vue que la fonction première du système éducatif est de transmettre des connaissances, ouvrir nos établissements sur l'extérieur, c'est-à-dire, dans mon esprit, d'abord sur la vie économique.

Ce décloisonnement du monde de la formation et de son environnement économique ne sera efficace que s'il s'opère à la fois par l'amont, vers la recherche, et par l'aval, vers l'entreprise.

La coopération qui s'est nouée entre le ministère de l'Éducation nationale et l'A.N.V.A.R. autour de « projets d'action éducative » (P.A.E.) de caractère scientifique et technique me paraît exemplaire. Je souhaite que cette coopération se développe et qu'elle serve de modèle à d'autres initiatives allant dans le même sens.

Comme toute ouverture de l'école, l'ouverture sur le monde scientifique, technique et économique ne doit pas être plaquée artificiellement sur la vie de nos collèges et de nos lycées. Elle doit être un moyen d'élargir le champ des diverses activités éducatives ou culturelles qui prolongent l'enseignement. Elle vient naturellement compléter l'important effort engagé par la modernisation des enseignements, notamment sur les plans technologique et scientifique.

## *Les technologies modernes*

Je veux citer trois exemples.

Les L.E.P. et les lycées techniques ont bénéficié depuis trois ans d'un équipement en *machines-outils* modernes, à commande numérique, d'un montant total de plus d'un milliard de francs.

Les formations professionnelles du secteur public de

la *filière électronique* font, elles aussi, pour le seul secteur scolaire, l'objet d'un plan d'équipement de plus de 100 millions de francs.

L'informatique fait une entrée massive dans les lycées, collèges et écoles. En 1986, tous les lycées et L.E.P. seront équipés de micro-ordinateurs ; avant 1988, ce sera le cas des collèges et des groupes d'écoles.

Parallèlement à ce programme d'équipement, les maîtres sont désormais formés à l'usage de l'outil informatique au rythme de 25 000 par an. Des formations plus spécifiques sont destinées à ceux qui mettent en place de nouvelles filières de formation, telles que l'informatique industrielle, la productique.

Un enseignement de la technologie est progressivement implanté dès cette année au collège, où il remplace l'ancienne éducation manuelle et technique. Sa mise en place s'appuie à la fois sur un programme d'équipement complémentaire en matériels technologiques et sur un plan de formation des enseignants qui dispenseront cet enseignement.

Ainsi, en quelques années, les technologies modernes sont en train de prendre leur place dans l'univers quotidien du système scolaire.

## *Des P.A.E. scientifiques et techniques*

Les Projets d'Action Éducative, par la diversité de leurs formules et par les concours qu'ils permettent de mobiliser, peuvent fournir un cadre intéressant aux actions à entreprendre dans ce domaine relativement nouveau de l'ouverture de l'école.

Les différents types de « P.A.E. » ont été complétés à cette rentrée par une nouvelle formule de Projets d'Action Éducative « élargis » qui permettent aux établissements une diversité d'initiatives adaptée à la diversité de leur environnement.

Par ailleurs, les P.A.E. bénéficient de diverses formes

d'aides, celles du ministère, majorées dès cette année scolaire pour les projets les plus avancés, notamment dans le domaine technologique ; celles qu'un nombre croissant d'organismes culturels, scientifiques, techniques, économiques ou sociaux, de collectivités locales et d'associations apportent, en cette occasion, à nos établissements scolaires.

Force est d'admettre toutefois que les P.A.E. ne sont pas autant utilisés dans le domaine scientifique, technique et économique que dans les autres champs de l'ouverture de l'école.

Il est nécessaire d'encourager les réalisations en ces domaines et de se fixer comme objectif de doubler le nombre de Projets d'Action Éducative dans les secteurs scientifique, technique et économique au cours de la prochaine année scolaire.

## *Une assistance technique*

Un des aspects de cette aide est l'assistance technique apportée à des établissements scolaires par des laboratoires ou des entreprises mobilisés par vos soins. Autant que votre concours direct, il y a là une aide précieuse pour les uns et pour les autres. Si l'école a beaucoup à retirer d'un contact avec ces différents secteurs, il ne faut pas oublier ce que le monde de l'entreprise peut, lui aussi, retirer d'une meilleure connaissance des jeunes, de ceux qui ont la charge difficile de les éduquer, des problèmes qu'ils rencontrent, des solutions qu'ils y apportent.

[...] Ces P.A.E. à caractère scientifique et technique illustrent bien l'apport considérable pour les uns et pour les autres d'un rapprochement de l'Éducation avec la vie économique.

Former plus de jeunes à une économie moderne incombe certes au ministre de l'Éducation nationale ; mais c'est notre responsabilité à tous pour assurer l'avenir des jeunes et du pays.

# 3. La communication*

Avant la fin de la décennie, le paysage de la communication aura été profondément modifié.

D'une part, la vidéo-communication proprement dite multiplie ses canaux de diffusion. Aujourd'hui, la quatrième chaîne de télévision, demain les réseaux câblés locaux pour la distribution de la télévision, bientôt le satellite de télévision TDF 1 vont apporter chez les particuliers un nombre de plus en plus élevé d'images. Conséquence du choix offert, les messages vont se diversifier, s'adapter à la demande du public.

En même temps, les vecteurs de la communication se diversifient. La micro-informatique et la télématique sont particulièrement — et définitivement — présentes au VIDCOM. Les micro-ordinateurs ont pour l'instant pénétré dans les foyers à un rythme nettement plus faible que dans certains pays industrialisés. Ce retard sera compensé dans les années à venir, si le développement de programmes adaptés permet de motiver le grand public. Ils apportent en effet une forme de communication plus interactive, mieux adaptée à des usages personnalisés, tels que le jeu et la formation.

En 1987, sur l'ensemble du territoire, chaque citoyen pourra disposer avec son abonnement téléphonique d'un terminal Minitel. L'annuaire électronique aura largement remplacé son ancêtre en papier imprimé. De nombreux autres services seront offerts, de la vente « par correspondance » — ne vaudrait-il pas mieux utiliser le néologisme « télé-vente » ? — à la formation, en passant par les multiples possibilités de consultation.

Il y a là pour les responsables du système scolaire et universitaire matière à réflexion et à interrogation.

* VIDCOM, Cannes, 18 octobre 1984.

## *Des objectifs pour l'Éducation nationale*

En se portant sur de nouveaux vecteurs, l'information ne change pas fondamentalement de nature. Nous n'assistons donc pas à proprement parler au développement d'une nouvelle culture. En ce sens, l'arrivée de nouveaux outils ne dispense pas l'école des apprentissages de base dont elle a la responsabilité. Faire acquérir la maîtrise de la langue écrite et parlée, des mathématiques, de l'histoire et de la géographie reste le premier devoir des maîtres.

Dans le même temps, il ne faut pas ignorer l'émergence de nouveaux modes d'expression. Les enfants vivent en effet l'époque des jeux électroniques et des « vidéo-clips ». Les sons et les images ne sont plus les mêmes : ils tiennent dans leur univers une place plus importante. Les outils du monde de l'informatique font appel à des méthodes spécifiques, à plus de rigueur. La recherche d'informations dans l'annuaire électronique, par exemple, impose la connaissance de structures abstraites et la mise en œuvre de démarches peu utilisées jusqu'ici.

La formation de base doit donc désormais comporter l'usage de ces outils, et l'acquisition des savoirs nouveaux que leur emploi exige. Ce sont des éléments indispensables pour lire les informations, les traiter, en tirer parti.

Par ailleurs, la multiplication des instruments et des canaux de diffusion de l'information rend plus décisive encore la politique des programmes. En effet, autant la distribution de programmes adaptés et de qualité permet d'envisager une diffusion sans précédent du savoir et de la culture, autant leur insuffisance pourrait condamner le développement même de ces technologies. Aussi, grave est le risque d'irruption massive de produits médiocres et étrangers à la culture de notre pays.

Il y a là un enjeu dont le ministre de l'Éducation nationale ne peut se désintéresser. J'entends que mon département ministériel prenne, en liaison avec d'autres partenaires, une part active dans la mise en œuvre d'une politique dynamique de programmes. Il le fera naturellement dans le domaine privilégié de ses compétences, qui est celui de l'éducation et de la formation des jeunes et des adultes.

Enfin, l'information et la communication sont un secteur économique en pleine expansion. Il faut concevoir, développer, vendre des produits ; en amont la recherche, en aval la maintenance : la part de l'activité de chaque pays qui est consacrée à ce secteur va croissant.

La France a donc besoin de spécialistes ; pour y pourvoir, il faut à la fois créer des profils nouveaux, adaptés aux perspectives d'emploi, et mobiliser les capacités de formation, former des formateurs, pour aller vite.

## *Un travail bien engagé*

Beaucoup a été fait depuis trois ans :

— L'informatique a été largement prise en compte dans le système scolaire ; chaque année, nous implantons 20 000 micro-ordinateurs dans les écoles, collèges et lycées. En 1988, il y en aura 100 000 et tous les établissements en seront équipés. Parallèlement, nous formons chaque année plus de 20 000 enseignants à leur usage dans l'enseignement.

— La production de programmes pour l'éducation et la formation a été développée et orientée dans le sens d'une plus grande efficacité.

Une centaine de centres situés dans les universités et les établissements d'enseignement supérieur ont une activité de production audiovisuelle au service d'actions de formation.

Le Centre National de Documentation Pédagogique (C.N.D.P.) produit et diffuse ses produits dans le système scolaire. Il a particulièrement orienté son activité vers les supports souples d'emploi — notamment les vidéocassettes et les logiciels d'enseignement — qui peuvent être utilisés dans le cadre scolaire par les maîtres et les élèves, mais aussi dans le cadre de la formation continue des adultes. 2 000 heures de programmes audiovisuels et près de 1 000 heures d'utilisation de didacticiels sont actuellement disponibles.

Parallèlement, le C.N.D.P. s'est aussi tourné vers un public plus large, dans un but de sensibilisation aux grands problèmes de notre temps. Il diffuse chaque samedi après-midi sur FR3 l'émission « Entrée libre » ; il participe à l'opération « France face à l'avenir » dans les régions ; il vient de coproduire avec TF 1 et l'Agence de l'Informatique les émissions d'initiation à l'informatique « Raconte-moi une puce » qui seront diffusées dès le mois de novembre.

— Une grande partie des personnels techniques nécessaires au développement de la communication sont formés dans le cadre du programme pour la filière électronique.

Le plan de formation qui accompagne ce programme est un succès. De 1982 à 1985, le nombre annuel de nouveaux titulaires d'un diplôme de technicien supérieur ou équivalent, aura augmenté de 2 000. Les objectifs assignés à l'origine pour 1986 auront donc été dépassés.

## *Changer de rythme*

Malgré cela, sommes-nous en mesure de gagner le pari ? Rien n'est joué. Les enjeux sont considérables et les années qui viennent sont décisives. Les réussites que je viens de citer ne sont donc que des points d'appui pour aller plus vite et plus loin. L'école doit d'abord s'adapter à son temps, suivre en quelque sorte le train de la révolution technologique, et en digérer lentement les effets.

Mais la France a pour l'instant une avance dans la

maîtrise de certaines des technologies concernées (câblage par la fibre optique ; réseau Vidéotex). Pour maintenir cette avance, pour rester dans le peloton de tête, parmi les pays qui comptent, ses ressources essentielles restent l'intelligence et la qualité de ses hommes.

L'école doit donc aussi précéder le mouvement et non le suivre ; il lui appartient, il appartient à ses responsables d'innover, de moderniser, de montrer la voie et de préparer l'avenir.

## *Former les spécialistes*

Le fonctionnement des réseaux câblés requiert la présence de personnels spécialisés employés par les sociétés locales d'exploitation du câble.

On estime qu'à l'horizon 1992, les six millions de prises prévues pour le câble fourniront des débouchés à environ 10 000 personnes de ce type. Après une étude du profil de qualification et du niveau des rémunérations offertes, en liaison avec la Mission interministérielle pour le développement des services de communication audiovisuelle diffusés par câble, nous avons décidé la création d'un Brevet de Technicien Supérieur et d'un Diplôme d'Études Universitaires Scientifiques et Technologiques.

Sept, voire huit sections seront ouvertes à près de 200 jeunes bacheliers dès la rentrée 1985. La formation des formateurs pour ces sections va commencer dès les prochaines semaines, en liaison avec l'Institut national de l'audiovisuel. Afin de faire face aux besoins, nous atteindrons le rythme de formation d'un millier de jeunes par an en 1988.

La formation aux métiers du cinéma sera prise en compte dès le second degré dans plusieurs établissements, et renforcée au niveau Bac + 2.

L'essor de la communication et des industries dérivées exige également des personnels hautement qualifiés, qui interviennent dans la définition et la conception des systèmes de communication. La majorité de ces personnels sont des spécialistes de la technique et de la technologie, formés notamment dans le cadre de la filière électronique.

Mais nous avons besoin aussi à ce niveau de qualification de spécialistes au profil plus spécifique. Une douzaine d'universités françaises ont mis en place des enseignements de maîtrise ou de troisième cycle axés sur la maîtrise de la production des programmes, sur la connaissance des différents aspects de la communication, de son développement, de son impact, sur la formation des formateurs, en audiovisuel notamment.

Je souhaite, afin de dynamiser ce secteur et d'élever le contenu de ces formations, que de jeunes universitaires puissent orienter efficacement leur carrière dans ce domaine. La création de doctorats permettra certainement de donner une impulsion significative à la recherche et à la qualité de l'enseignement relatif à la communication.

## *Produire et coproduire*

Avec les universités et le C.N.D.P., nous disposons d'un instrument de production de qualité, qui a capitalisé un indéniable savoir-faire en matière de programmes pédagogiques et éducatifs.

Mais, aujourd'hui, la tâche est multiple. Il faut produire plus encore, produire des programmes plus diversifiés, mieux adaptés aux différents publics, et d'une qualité irréprochable.

Il faut se tourner vers des supports nouveaux, en particulier vers l'image interactive qu'apporte le couplage au micro-ordinateur du vidéo-disque et du disque audionumérique. De tels instruments, qui offrent des possibilités éducatives exceptionnelles, feront une entrée massive dans les collèges et lycées dès l'année prochaine. Il faut donc aller vite.

Nul doute, l'ère de l'artisanat s'achève. Avec ce changement d'échelle, c'est la participation du secteur éducatif à l'industrie des programmes qui est à l'ordre du jour.

Tendre à un véritable développement industriel, c'est coordonner les moyens et les compétences. C'est pourquoi j'ai commencé de consulter les partenaires potentiels, publics et privés, de cette aventure : fabricants de matériel vidéo et informatique, créateurs et producteurs de programmes audiovisuels et informatiques, ensembliers de la communication, mais aussi ministères et établissements publics.

Des premières coproductions se sont avérées possibles : émissions de télévision, cassettes livrées avec les micro-ordinateurs dans les écoles et les collèges. D'autres sont en cours de réalisation ou en projet : cassettes pour la formation à l'informatique, images interactives.

Pour accélérer ce mouvement, deux conditions m'apparaissent nécessaires en matière de programmes éducatifs :

— D'abord *renforcer la demande* et les moyens qui la traduisent. Pour cela, désormais, une part significative des crédits d'équipement technologique sera, dans le budget de l'Éducation nationale, consacrée à des achats de programmes et de logiciels. Mais il ne doit pas s'agir là d'un marché particulier captif. La majorité des produits destinés au milieu scolaire ont également des débouchés dans le grand public et en matière de formation continue.

— Il faut donc également *organiser l'offre*. Nos capacités de production restent, aujourd'hui, largement isolées les unes des autres. Elles ne sont par ailleurs que rarement confrontées au marché dans son ensemble. Les partenaires sont divers et complémentaires ; pour augmenter considérablement le rythme de leur production, il leur faut un lieu de rencontre permanent, une structure où les projets peuvent se discuter, s'organiser.

Chacun des partenaires doit pouvoir opérer dans la clarté des choix sur ses investissements et sur sa participation à certains de ces projets.

J'ai donc décidé d'engager l'Éducation nationale dans la voie d'une concertation avec les grandes entreprises. Un rapport m'a été remis à ce sujet. Nous sommes en train de dégager des projets communs, de définir les modalités de leur mise en œuvre. Nous allons ainsi pouvoir ensemble élargir notre champ de compétence, tout en augmentant notre efficacité et la qualité de nos produits.

## *Organiser la diffusion*

La distribution des programmes de formation relève actuellement d'initiatives partielles et pour tout dire largement dispersées. Une telle situation est préjudiciable à la diffusion d'émissions de télévision.

Or, selon un sondage récent, une personne sur trois se déclare prête à s'abonner à une chaîne consacrée à l'enseignement et à la formation permanente. Ce chiffre ne représente pas seulement à terme un marché considérable ; il révèle simultanément de la part du public une immense soif de savoir, et cela doit retenir l'attention de tous ceux qui se préoccupent d'élever le niveau de formation et de connaissances de nos concitoyens.

En accord avec le secrétariat d'État chargé des techniques de communication, la Mission interministérielle T.V. Câble, la Délégation à l'Aménagement du territoire et à l'Aménagement régional, je me propose de regrouper des initiatives qui sont et seront prises en la matière : ministères, organismes publics et tous les partenaires privés qui souhaitent s'y associer. Mon but est d'organiser de façon cohérente et régulière la diffusion de produits audiovisuels d'origines diverses, visant différents publics, mais dont le dénominateur commun est d'être orientés vers la formation.

Il s'agit de créer les conditions d'un *véritable canal éducatif*, faisant l'objet d'une programmation, et permettant par là à un large public d'accéder à la demande à des programmes éducatifs. Nous allons étudier ensemble les modalités précises de cette diffusion, en France et vers les pays francophones, au fur et à mesure de la mise en place des réseaux et des satellites.

Une telle initiative constituerait un support de choix pour le développement de grands projets de diffusion de la connaissance. Je pense en particulier à l'*Encyclopédie nationale des Sciences et des Technologies*, qui pourrait ainsi, conformément à sa mission, présenter de façon vivante à un large public une réflexion sur l'état du savoir.

La diffusion sur les réseaux câblés peut d'ailleurs faciliter des initiatives complémentaires locales, associant plus directement les publics.

Enfin, la mise en place d'une telle initiative sera un support particulièrement utile à la modernisation de l'enseignement à distance, à l'amélioration du service rendu à ses centaines de milliers d'utilisateurs [...].

# 4. Une tête bien faite*

## *... les quatre grandes révolutions technologiques*

*— N'est-ce pas [...] le rôle des formations supérieures de permettre à ceux qui les suivent d'acquérir une métho-*

* Entretien avec *Les Échos*, 16 novembre 1984. Propos recueillis par Carole Leconte et Jérôme Faure.

*dologie plutôt qu'un savoir ? Les solutions aux problèmes de reconversion ne s'en trouveraient-elles pas ainsi facilitées à l'avenir ?*

— En effet, une formation de base supérieure et rigoureuse prépare nécessairement mieux les cadres de demain qu'une formation spécialisée très précoce qui, en adaptant trop tôt, désadapterait très vite en raison même de l'évolution des techniques et des mutations du monde. Mais je crains d'opposer ainsi méthodologie et savoir.

En réalité, une méthodologie ne peut exister par elle-même et sans un support de connaissances qui constituent, en quelque sorte, son champ culturel. Et un savoir est sans valeur s'il n'est pas organisé, dans son acquisition, sa « gestion » et son application, par une articulation méthodique.

A cet égard, je voudrais faire deux observations. La première est que tout enseignement supérieur professionnalisé doit coupler la connaissance et la technique. Or, la connaissance sera de plus en plus abondante et multidisciplinaire, tandis que la technique connaîtra partout une évolution accélérée.

Il faut donc que l'ensemble de l'enseignement supérieur se persuade que rien n'est acquis et que le changement continu devient la règle. L'autre observation tient à cette méthodologie particulière qu'est la recherche. La formation par la recherche, qui couronne actuellement les cursus d'enseignement supérieur, est d'une importance cruciale pour la modernisation de notre pays. Il faut familiariser plus largement les étudiants avec l'esprit et la démarche de la recherche.

Cela dit, et je réponds à la seconde partie de votre question, il sera effectivement nécessaire à l'avenir que le « profil » des diplômés de l'enseignement supérieur préserve d'importantes aptitudes à l'adaptation, voire à la reconversion. Mais il est vrai aussi que cet objectif essentiel semble parfois difficile à tenir, tant est grande la tentation de répondre à des besoins économiques par des formations de plus en plus pointues.

Je crois sage de maintenir une certaine tradition de nos formations d'ingénieurs et de techniciens supérieurs notamment, qui (au contraire de certains pays) privilégient la synthèse et ne conduisent généralement pas à une spécialisation étroite : cela me semble garantir pour l'avenir les meilleures chances de plasticité et d'adaptabilité dans la vie active.

— *Quelles sont, selon vous, les formations s'inscrivant dans les objectifs fixés par M. le premier ministre ?*

— Il y a quatre grandes révolutions technologiques dans l'époque actuelle : il y a celle de l'énergie, celle de l'électronique, celle des matériaux, celle des biotechnologies.

Ce sont, à mes yeux, les quatre phénomènes majeurs sur le plan des technologies. Mais on ne doit absolument pas oublier qu'il y a beaucoup de techniques traditionnelles qui doivent évoluer. Je pense, par exemple, à la mécanique. Je suis élu dans une région de mécanique. La mécanique a encore un grand essor devant elle, notamment à travers les matériaux. Elle peut ainsi se renouveler profondément. J'ajoute que les industries d'avenir seront au croisement de la mécanique, et de l'électronique, et par conséquent qu'il faut se garder d'ajustements trop pointus. Il est absolument nécessaire d'ouvrir l'information sur la recherche du mouvement du savoir en train de se faire, mais il faut éviter tout ce qui couperait trop tôt les étudiants des solides disciplines intellectuelles, sans lesquelles on ne peut ni acquérir des connaissances nouvelles, ni progresser.

## ... « *Il faut aussi savoir communiquer et vendre* »

— *Les axes actuellement définis (reconversion industrielle, informatique, automatismes...) semblent tous s'orienter vers une amélioration des systèmes de production. Or, la France a bien du mal à vendre et à exporter ses idées comme ses produits. Où sont donc formés nos exportateurs et nos vendeurs de demain ?*

— Vous savez sans doute que j'avais confié à M. Lescure, président de la SEB, une mission sur la sensibilisation des Français à la vente et j'ai rappelé récemment aux présidents d'université qu'il ne suffisait pas d'avoir de bons ingénieurs, de bons scientifiques. Il faut aussi savoir communiquer et vendre. J'ai employé ce mot grossier, il est fondamental, absolument fondamental — la France étant là où elle est et dans le monde d'aujourd'hui — que nous formions de bons vendeurs et que nous réhabilitions en quelque sorte le thème de la vente. C'est une idée à laquelle je tiens beaucoup.

— *Justement, est-ce que, de ce point de vue, on peut imaginer que les ingénieurs aient aussi une formation à la vente ?*

— Je le souhaite. Mais je pense aussi que, bien souvent, comme nous n'avons pas de bons vendeurs, nous demandons à des ingénieurs de s'improviser vendeurs. N'y a-t-il pas là un certain gaspillage ? On peut se poser la question si ce n'est pas en amont qu'il faut agir pour créer des formations parfaitement professionnalisées de très bons vendeurs. Cela implique une formation très diversifiée, notamment une très bonne connaissance des langues qui fait souvent défaut dans notre pays.

## *« C'est toute une mentalité qu'il faut faire changer »*

Il faut aussi naturellement que les entreprises acceptent de reconnaître ces spécialistes de la vente comme des gens qui doivent pouvoir prétendre aux plus hautes responsabilités. C'est toute une mentalité qu'il faut faire changer.

Alors, en ce qui concerne l'Éducation nationale, j'ai

l'intention de marquer cette priorité par un certain nombre de créations de formations nouvelles ou d'orientations qui marquent une volonté politique. Il faut former de bons commerçants, la France en a besoin pour conquérir des parts de marché supplémentaires et voir son industrie prospérer. [...]

— *N'y a-t-il pas dans les universités de gestion des possibilités de développer également les formations à la vente ?*

— On ne gagnera pas à confondre la gestion et la vente, qui implique des qualités tout à fait exceptionnelles, mais aussi une formation dans les domaines comme la psychologie, la géographie, la connaissance des grands marchés du monde, des connaissances spécifiques sur les systèmes bancaires, douaniers, le commerce international, la maîtrise des langues.

## 5. Sport et temps scolaire*

### *Associer l'éducation physique et sportive et le sport volontaire*

La modernité d'une nation passe aussi, aujourd'hui, par une certaine culture ou une certaine éducation du corps. En 1984, les grandes nations sont celles qui, réalisant l'idéal antique de l'homme libre, encouragent chez leurs citoyens un égal développement de l'habileté intellectuelle et des facultés physiques.

[...] La loi du 16 juillet 1984 relative à l'orga-

* Conférence de presse conjointe avec M. Calmat, ministre de la Jeunesse et des Sports, Paris, 13 décembre 1984.

nisation et à la promotion des activités physiques et sportives, signée conjointement par le ministre de l'Éducation nationale et le ministre délégué au Temps libre, à la Jeunesse et aux Sports, montre bien la volonté de rassembler les forces et les pratiques de l'éducation physique et sportive, des activités physiques et sportives volontaires organisées par les associations sportives scolaires ainsi que les activités sportives mises en œuvre par les fédérations sportives.

[...] La place de l'éducation physique et sportive dans tout le système éducatif n'est plus contestée. Je vois avec intérêt le sérieux, la vigueur, parfois la passion, que mettent les enseignants d'E.P.S. à défendre leur discipline quand ils pensent qu'elle est menacée.

Le rôle primordial de l'éducation physique et sportive dans le développement harmonieux des enfants et des adolescents n'est plus à démontrer.

Elle contribue à l'hygiène de vie et à la santé en permettant aux jeunes de mieux exploiter leurs capacités physiques.

Elle aide à développer l'habileté motrice, c'est-à-dire un ensemble de compétences diversifiées, indispensables pour évoluer aujourd'hui avec aisance, tant dans le monde du travail que dans le monde des loisirs qui, l'un et l'autre, se modifient constamment.

Enfin elle participe à la construction de la personnalité de l'enfant, en confortant chez lui des qualités propres à assurer son épanouissement : la confiance en soi, l'esprit critique, la communication, la coopération, la créativité.

En outre, par les pratiques qu'elle recouvre, l'éducation physique et sportive se prête tout particulièrement à la réalisation de projets pédagogiques et éducatifs favorisant le travail en équipe et l'établissement de liaisons actives entre l'école et son environnement.

## *Initiation sportive pour tous*

Parlant du lien avec le mouvement sportif, je veux saluer ici le travail déterminant réalisé par les associations sportives scolaires et universitaires : l'Union Sportive de l'Enseignement du Premier Degré (U.S.E.P.), l'Union Nationale du Sport Scolaire (U.N.S.S.), la Fédération Nationale du Sport Universitaire (F.N.S.U.).

Dans ces associations, les jeunes ont toutes les possibilités de s'accoutumer à l'effort contrôlé et de se préparer à l'autonomie et à l'exercice des responsabilités. Par la variété des activités proposées, elles permettent une orientation et un choix éclairés conduisant à une pratique sportive pour tous.

L'U.S.E.P. et l'U.N.S.S. ont contribué largement l'année dernière au succès de la première « Semaine nationale de l'éducation physique et sportive dans les écoles et les collèges ». A l'occasion de cette manifestation on a pu, mieux qu'à un autre moment, présenter les réalisations et évaluer ensemble les projets pédagogiques mis en œuvre dans les écoles et les collèges. Une deuxième « Semaine nationale » se déroulera du 3 au 9 juin 1985. [...]

## *Une nouvelle organisation de la journée*

L'école est le lieu premier des apprentissages de base. Elle ne peut pour autant méconnaître ce qui se fait, dans le domaine socio-culturel et dans le domaine sportif, dans d'autres cadres avec lesquels la liaison doit être naturelle.

C'est pourquoi M. Calmat et moi-même avons préparé un texte incitant l'école et ses partenaires à rechercher la meilleure articulation entre les enseignements assurés par l'école et les activités pratiquées dans le cadre associatif, dans les villes où la disponibilité d'installations sportives la rend possible. C'est le sens de la circulaire sur l'aménagement du temps scolaire dans le premier degré.

Il s'agit, pour une meilleure formation des enfants, de rapprocher les activités de même nature conduites dans le temps scolaire *et* dans le temps périscolaire.

*Une plus grande cohérence :* il n'est pas question d'enlever à l'école aucune des tâches qu'elle a à remplir, particulièrement en éducation physique, mais de relier, dans un souci de cohérence ce qui se fait à l'école *et* ce qui se fait dans les associations afin d'encourager les enfants à participer à des activités organisées après la classe dans le cadre associatif.

*Là où le contexte est favorable :* à l'évidence, cette liaison entre l'école et son environnement éducatif ne pourra s'opérer que là où les conditions d'une bonne réalisation sont réunies.

Il faut des équipes pédagogiques volontaires et soudées, des associations vivantes et des animateurs bien formés ; des installations bien équipées et en nombre suffisant ; il faut aussi régler des problèmes de transport. Il faut, surtout, que les différents partenaires partagent la volonté de travailler en commun et de bâtir ensemble un projet précis qui permettra d'accueillir après la classe tous les enfants volontaires.

Quant aux parents, ils doivent avoir l'absolue garantie que l'accueil de leurs enfants après la classe s'effectuera dans de bonnes conditions.

C'est sur ces bases qu'on peut envisager d'aménager, pendant la journée scolaire, des plages de temps où les enfants, répartis éventuellement en ateliers, s'adonneront à des activités variées qu'ils auront envie, pour certains, de prolonger après la classe.

## *Des projets précis*

Tout cela ne saurait être improvisé. Il est donc absolument nécessaire qu'un projet commun précis soit élaboré. Si l'initiative peut émaner des différents acteurs de la vie locale, scolaire ou non, et tout particulièrement du maire de la commune, le projet sera élaboré par les équipes éducatives au sein des conseils d'école sous la responsabilité de l'inspecteur départemental de l'Éducation nationale. Après avis favorable du directeur départemental de la Jeunesse et des Sports, il devra être approuvé par l'inspecteur d'académie.

Les instituteurs et les institutrices conservent la responsabilité des actions qui ont lieu pendant le temps scolaire. Cela n'exclut pas, comme le prévoit la loi du 16 juillet 1984, que des personnels qualifiés et agréés puissent assister l'équipe pédagogique dans sa tâche et il est tout à fait souhaitable, d'autre part, que les maîtres volontaires poursuivent leur action en dehors du temps scolaire des enfants, notamment dans le cadre de l'U.S.E.P. [...].

# III

# L'enseignement supérieur

Avec 950 000 étudiants dans les établissements dépendant de l'Éducation nationale, la France occupe le onzième rang mondial pour la fréquentation des universités. Dans ces conditions, le débat qui prétend opposer formation de masse et formation de qualité est un faux débat : c'est sur les deux fronts que j'entends progresser.

D'autres chiffres sont alarmants, comme celui des diplômés sans emploi, ou les 50 p. 100 d'échecs en premier cycle d'études supérieures. Ils confirment que le choix, pour l'Université, n'est pas entre la quantité et la qualité, mais entre la sclérose et l'adaptation. En bref, l'Université française doit croître sans s'affadir.

Il est certain que l'enseignement supérieur a éprouvé quelques difficultés à surmonter les contradictions provoquées en son sein par la rencontre de deux logiques différentes, l'une, liée à sa mission traditionnelle qui veut qu'il soit le lieu de la recherche, l'autre, liée aux exigences du monde moderne, qui réclame toujours plus de techniciens, de cadres et de spécialistes hautement qualifiés.

Pourtant, lieu de la production et de la transmission du savoir, l'Université ne saurait éviter aujourd'hui de devenir aussi un vaste centre de formation préparant aux professions de haut niveau. Il faut qu'elle assure à une *grande masse* d'étudiants, à la fois un *enseignement de qualité* et des *débouchés* sur un métier.

L'Université française peut, dans cette démarche, s'appuyer sur l'exemple des I.U.T., qui ont su s'imposer comme modèles et fers de lance d'un enseignement supérieur à finalité professionnelle (voir « Les I.U.T. ... », p. 165). En outre, la *loi* l'incite désormais à s'ouvrir aux entreprises et à s'engager dans la voie de la *professionnalisation*.

La voie de la professionnalisation, c'est la voie de l'adaptation. Pour la suivre, sans sacrifier à la qualité, l'Université doit procéder à de multiples ajustements.

Par exemple, il lui faut rentabiliser ses équipements, réformer son premier cycle, propager l'enseignement des langues étrangères, organiser la formation continue et participer à la formation des maîtres, renforcer ses filières technologiques et leur laisser assez de souplesse pour qu'elles s'adaptent aux demandes du marché, comme on a su le faire dans la filière électronique. Les nouveaux diplômes, comme le diplôme d'études universitaires scientifiques et techniques (D.E.U.S.T.), ou le doctorat remanié, sont conçus pour assurer à leurs titulaires une issue plus certaine vers un métier ou la recherche scientifique.

Pour stimuler la recherche, il faut un corps enseignant motivé par des perspectives de carrières réelles, ouvertes par le travail fourni, les mérites reconnus et les résultats obtenus, et non par une quelconque mécanique de reproduction des élites installées. La transformation de 4 000 emplois d'assistants en postes de maîtres de conférences a été un premier pas en ce sens. L'augmentation du nombre de bourses de recherche en sera un second.

Enfin, n'oublions pas que les campus sont faits pour accueillir, et souvent héberger les étudiants. L'aspect des murs gagnerait beaucoup à s'améliorer, et la vie à l'intérieur à se transformer, à devenir plus chaleureuse, plus animée et plus intéressante.

Avec ces transformations, qui sont à sa portée, l'enseignement supérieur réussira mieux que maintenant à être ce que le pays attend de lui : un trait d'union entre la science, la jeunesse et l'économie, où les étudiants viendront avec l'envie et la volonté de réussir pour mieux s'intégrer à la vie active !

# 1. La rentrée universitaire*

Les problèmes de l'école et le débat intense et vigoureux qui ont tenu le devant de la scène au cours des dernières semaines ont pu donner l'impression que l'enseignement supérieur et la recherche passaient au second plan de mes préoccupations. Rien n'est plus faux, je voudrais l'affirmer avec la plus grande netteté. Le monde universitaire est riche et complexe, et vous comprendrez que je n'aie pas encore eu le temps matériel d'étudier en profondeur et, avec toute l'attention qu'elles méritent, la totalité des nombreuses questions qui se posent. Cependant, j'ai pu bénéficier du remarquable travail effectué par mon prédécesseur, M. Alain Savary, à qui je veux d'emblée rendre hommage.

Je voudrais donc saisir l'occasion de cette rentrée :

— pour définir, avec vous, **les grands principes** qui guideront mon action, en présence de M. Schwartzenberg, à qui revient la tâche de mettre en œuvre la politique des enseignements supérieurs,

— pour présenter **les moyens** dont je dispose et qui sont, je crois, à la hauteur de notre tâche,

— et, puisque notre action doit nécessairement s'inscrire dans la durée, je voudrais, pour finir, vous exposer **les actions** que j'entends mener au cours des mois à venir.

## LES QUATRE GRANDS PRINCIPES

Je ne veux pas afficher, dès à présent, une position par trop rigide. Il n'en reste pas moins que notre action doit être ferme.

Commençons donc par dégager les grands principes auxquels je ferai sans cesse référence dans la poursuite

* Conférence des présidents d'universités, Paris, 27 septembre 1984.

de mon action. Ils sont au nombre de quatre. Ils doivent permettre à l'Université d'affirmer sa véritable vocation.

## *Premier principe : l'Université doit maintenir une exigence de qualité*

Le premier de ces principes est, je crois, le plus fondamental. Il s'inscrit dans la longue et riche tradition du système éducatif de notre pays : il s'agit de former le plus grand nombre, mais dans la qualité. D'aucuns y verront relancé le débat entre formation des élites et universités de masse. Jamais, sans doute, ce débat ne m'est apparu aussi dépassé, et tout particulièrement lorsque l'on se rappelle ce qu'a toujours été notre système universitaire.

La France a été, comme chacun le sait, l'un des premiers pays à rendre obligatoire la scolarité. Elle a été également l'un des premiers pays à vouloir façonner une élite formée par un système d'enseignement supérieur ouvert à tous.

Et pourtant, le chemin a été long pour parvenir jusque-là. Au lendemain de la Révolution française, une dizaine de milliers d'étudiants peuplaient notre Université. Nous sommes à l'aube d'en accueillir un million. Durant les vingt dernières années, les effectifs ont plus que quintuplé.

Mais force est de constater que les principaux pays développés ont progressé encore plus vite que nous. La plupart des grands pays accueillent davantage de jeunes filles et de jeunes gens dans les cycles de l'enseignement supérieur que nous ne le faisons. Il suffit de consulter les statistiques internationales pour constater que 26 p. 100 seulement des jeunes Français de vingt à vingt-quatre ans fréquentent l'enseignement supérieur, alors que le même indicateur atteint près de 57 p. 100 aux États-Unis, 37 p. 100 en Suède, 30 p. 100 aux Pays-Bas, 30 p. 100

au Japon. Nous nous situons trop loin, à la onzième place, dans la médiocrité. Et je considère que c'est là une situation dangereuse. Laisser se creuser cet écart avec les autres pays, ce serait courir à notre perte culturelle et économique.

Lorsque j'étais ministre de la Recherche et de l'Industrie, j'ai pu constater combien la concurrence à laquelle sont confrontées nos entreprises est rude. J'ai le sentiment, en abordant la question de l'enseignement supérieur, que la compétitivité de nos entreprises se joue, déjà au moins en partie, dans nos universités. Nous ne pouvons pas laisser la situation se dégrader. L'avenir économique de notre pays en dépend, comme en dépend son rayonnement culturel dans le monde. Nous devons donc accroître, de manière significative, nos effectifs universitaires. Mais nous devons nous garder de promouvoir un égalitarisme de façade, car il n'est pas de pire danger, pour le dynamisme intellectuel, culturel et scientifique d'un pays, que d'afficher une volonté d'homogénéisation qui conduirait inévitablement à un nivellement par le bas de nos formations. Chacun doit pouvoir accéder, mais selon ses aptitudes, au savoir universitaire. L'élitisme républicain est une exigence profondément démocratique, car elle donne à chacun la chance d'exceller. Il n'a donc rien à voir avec la reproduction d'élites installées.

En conclusion, ouvrons les formations supérieures au plus grand nombre, offrons des formations adaptées aux besoins et aux aptitudes de chacun, donnons-nous les moyens de lutter contre des échecs souvent liés à l'inégalité sociale. Alors nous relèverons le niveau de l'ensemble, et une élite se dégagera spontanément.

Les moyens, nous les avons. Pour la première fois dans l'histoire de notre Université, une loi — celle du 26 janvier 1984 — nous donne la capacité d'agir sur l'ensemble des dispositifs universitaires, d'ouvrir la voie à la diversité des formations et à la diversité des niveaux.

Je voudrais insister sur trois caractéristiques de cette loi.

Tout d'abord, elle définit une nouvelle catégorie d'établissements publics, les établissements publics à caractère scientifique, culturel et professionnel. Ces établissements d'enseignement supérieur et de recherche disposeront de l'autonomie pédagogique et scientifique, administrative et financière. Les E.P.C.S.C.P. disposeront de statuts de haut niveau, garantissant la qualité des enseignements qu'ils dispenseront. Le label E.P.C.S.C.P. sera largement ouvert, à la fois aux universités, aux instituts et écoles extérieurs aux universités, ainsi qu'à un certain nombre de grands établissements dont les écoles normales supérieures. Mais autant l'annoncer clairement, nous ne le décernerons qu'aux établissements dont la qualité et la crédibilité sont indiscutables.

Ensuite, la loi permet une évaluation véritable, permanente, des activités d'enseignement et de recherche.

J'ai le plus grand respect pour la presse en général, et pour la presse spécialisée dans les problèmes de l'éducation. Mais malgré tout, je pense que ce n'est pas uniquement à elle de comparer les universités.

C'est surtout à la communauté universitaire, et cette fois sur des critères scientifiques, qu'incombe cette mission. Le Comité national d'évaluation, qui disposera d'importants pouvoirs d'investigation, analysera les établissements, appréciera les résultats des contrats passés, et recommandera des mesures propres à améliorer le fonctionnement ainsi que l'efficacité de l'enseignement et de la recherche. J'ajoute qu'il publiera un rapport périodique sur l'état de l'enseignement supérieur et de la recherche. Ceci représente une condition nécessaire dans notre volonté d'affirmer l'exigence de qualité. Un système universitaire qui serait incapable de se juger lui-même risquerait de stagner.

Enfin, la loi met l'accent sur la formation et la gestion des carrières des enseignants-chercheurs. Je souhaite qu'ils soient bien armés dès le départ, en particulier dans le domaine de la pédagogie. Mais il importe que, tout au long de leur carrière, ils puissent également bénéficier d'une formation permanente. Il importe enfin d'inciter de jeunes talents à se lancer dans des carrières d'enseignant-chercheur, car il s'agit de régénérer sans cesse le terreau universitaire. C'est le contact permanent entre générations qui garantit le dynamisme. Plus que jamais l'impératif de recruter des jeunes s'impose. Quant à la gestion des carrières, le décret statutaire du 6 juin met en avant des principes sains qui se sont imposés au fil des Républiques : l'égalité des chances par la procédure du concours, la promotion des meilleurs par l'avancement au choix sur des critères de qualité et la mobilité pour combattre la sclérose.

Avant toute autre mission, je le rappelle, celle de l'Université est de produire la connaissance et de la transmettre. Elle doit y consacrer toutes ses forces et en faire son objectif primordial. Tout le reste en découle :

— ainsi nous formerons le plus grand nombre dans la qualité,

— ainsi nous verrons émerger les élites qui ont toujours fait le rayonnement de notre pays,

— ainsi enfin, et ce n'est pas le moins important, nous connaîtrons des enseignants-chercheurs et des étudiants satisfaits de vivre dans un monde universitaire d'avenir.

## *Deuxième principe : l'Université doit s'adapter au monde moderne*

J'entends souvent dire que l'Université est en crise, qu'elle est inadaptée, j'entends même dire parfois que l'Université fabrique des chômeurs. Je crois que la réalité est plus complexe. Il est vrai que de nombreux étudiants éprouvent des difficultés à trouver un emploi. Le taux de chômage neuf mois après la sortie du second cycle est préoccupant puisqu'il évolue entre 5,4 p. 100 pour les sciences exactes fondamentales et près de 16 p. 100 pour les sciences sociales. Il faut ajouter que de nombreux jeunes gens et jeunes filles occupent, neuf mois après avoir décroché leur diplôme, des emplois précaires.

La situation est sans aucun doute préoccupante, mais doit-on nécessairement entretenir un sentiment de culpabilité ? Je crois que l'Université connaît des difficultés, mais qu'elle n'est pas spécifiquement en crise. Elle est tout simplement à l'image de la société tout entière. Et comme le reste de la société, elle doit s'adapter : mieux, elle doit même être le ferment du renouveau économique et social de notre pays.

Dès l'origine, l'Université a dû répondre à des fonctions multiples : conservatoire des connaissances humaines, creuset de la science en devenir, elle devait aussi être le lieu privilégié de la formation des hommes. Cette fonction sociale n'a, hélas, jamais trouvé pleinement son équilibre. Certes, tout au long des quatre derniers siècles, l'Université a répondu dans une certaine mesure aux défis de la société en produisant des hommes exceptionnels qui, par leur excellence scientifique, leur originalité conceptuelle ou leur action politique, furent à l'origine des grands moments culturels ou économiques ou y contribuèrent de façon décisive. Mais en tant que système, l'Université n'a pas pu, en général, répondre le moment venu aux mêmes défis : d'où le recours à des institutions créées à la marge ou dans des buts professionnels précis.

Ceci explique qu'à toutes les époques, l'État ait inventé des structures nouvelles de formation supérieure destinées à concurrencer le secteur universitaire ou à le suppléer lorsqu'il ne se prêtait pas au changement. C'est pour faire face aux rigidités intellectuelles et idéologiques de la Sorbonne que fut créé par François I^er^ en 1530 le Collège de France. Deux siècles et demi plus tard, c'est l'École normale supérieure que l'on crée pour former les professeurs de l'enseignement secondaire ; même si les universités, après la conjoncture en creux des XVIIe et XVIIIe siècles, connaissent une puissante reprise au XIXe siècle par l'accroissement considérable des disciplines, des chaires de professeurs, et l'augmentation du nombre des étudiants, on continue de créer des établissements non universitaires, grandes écoles scientifiques et techniques notamment. Cela était fait pour répondre à la demande de formation née de la révolution industrielle. C'est ensuite à la demande de la communauté scientifique qu'est créée en 1868 l'École pratique des hautes études pour la formation à la recherche dont se détachera presque cent ans plus tard, en 1947, une VIe section qui jouera un rôle décisif dans le développement et parfois l'introduction des sciences sociales en France. Enfin le C.N.R.S. fut destiné non seulement à coordonner les énergies et les programmes, mais aussi à combler certaines insuffisances.

Pour la première fois peut-être, à l'exception de la phase médiévale, le gouvernement, par la vertu de la loi, donne à l'enseignement supérieur la chance de retrouver toute sa cohérence en lui conférant une souplesse d'adaptation au monde économique et social.

L'Université doit tout d'abord s'adapter aux besoins des entreprises. Cela signifie un effort d'ouverture considérable, peut-être sans précédent. Il faudra nécessairement qu'elle apprenne aux étudiants à parler le langage de l'entreprise. Elle sera alors mieux à même de leur offrir un avenir.

Mais elle peut, dès à présent, aider les entreprises en leur offrant des conseils et en prenant en charge des activités de formation professionnelle continue.

Le véritable avenir de l'Université, c'est de devenir le trait d'union entre le savoir, la jeunesse, et le monde de l'économie et de l'industrie. C'est le sens profond de la professionnalisation. Mais n'ayons garde d'oublier que cette évolution doit sauvegarder ce qui fait actuellement la richesse des universitaires, c'est-à-dire leur ouverture d'esprit, leur formation pluridisciplinaire, en un mot leur culture. Je ne sacrifierai jamais l'impératif culturel sur l'autel d'une formation exclusivement technicienne. Un emploi pour chacun est évidemment l'objectif, mais cela ne se fera pas en supprimant ce qui fait la qualité des femmes et des hommes formés à l'Université : leur esprit de méthode et leur capacité d'adaptation.

L'Université doit aussi s'adapter aux exigences du monde moderne. Les batailles économiques et industrielles se livrent à présent sur un plan planétaire. Pour tenir leur rang, les entreprises doivent savoir communiquer. Il faut donc intensifier la formation aux nouvelles technologies de l'informatique, de l'électronique, mais aussi de la communication audiovisuelle. Il faut également accroître les efforts dans le domaine de l'enseignement des langues étrangères. Le développement de nouveaux premiers cycles va, à cet égard, dans le bon sens. Cela reste cependant encore insuffisant et je veillerai personnellement à ce que nous allions beaucoup plus loin.

Adapter l'Université au monde moderne, cela signifie aussi que l'Université s'ouvre aux valeurs qui y règnent. Il est des vérités de bon sens que je n'ai pas crainte d'affirmer : je suis favorable à ce que l'émulation qui prévaut dans notre vie économique et sociale gagne nos universités. Elles ne sont pas toutes identiques et c'est un bien. L'émulation qui fonde la prospérité de nos écoles d'ingénieurs fournit un exemple vécu de ce qui permet à chaque établissement d'établir son identité. J'en encouragerai la transposition à nos universités. Mais là aussi, je serai ferme : n'acceptons pas comme un fait les disparités actuelles, donnons à toutes des moyens de se développer, et l'émulation les fera toutes progresser.

Adapter l'Université au monde moderne, c'est donc mon deuxième grand principe.

*Troisième principe :*
*l'Université doit améliorer son cadre de vie*

Chaque jour, plus de 950 000 étudiants, près de 50 000 enseignants, plus de 40 000 personnes travaillant comme personnel administratif, ouvrier ou technique se rendent dans nos établissements, où les rejoignent des milliers de chercheurs, d'ingénieurs et de techniciens des établissements publics de recherche.

Ces personnes passent l'essentiel de leur vie active sur nos campus. Il faut donc veiller à ce qu'elles puissent travailler dans de bonnes conditions. On ne travaille pas bien dans un mauvais environnement.

Un effort a d'ores et déjà été entrepris, mais il convient de l'amplifier. Il faut rénover les locaux, développer les équipements modernes, bref encourager toute cette population à considérer l'université comme un lieu que l'on apprécie et non comme un lieu de passage, que l'on ne fréquente que de la pointe des pieds, et le moins souvent possible.

Cet effort de modernisation, il faut l'entreprendre aussi dans la perspective d'une utilisation plus intense et plus rationnelle des équipements. Nous demandons un effort aux Françaises et aux Français pour financer nos infrastructures. Celles-ci doivent donc être utilisées le mieux possible. Nous devons concevoir un outil flexible, qui soit ouvert le plus possible, qui puisse accueillir des étudiants salariés en fin de journée et qui soit par ailleurs de plus en plus ouvert aux universités d'été. Ces dernières constituent d'ailleurs une formule particulièrement intéressante dans la mesure où elle permet à une large frange de la population de revenir s'installer, de temps en temps, sur les bancs de l'école.

Il est important que notre dispositif puisse jouer pleinement son rôle de creuset. Je ne connais pas, dans la vie, de lieu où se rencontrent des populations plus diverses. Diverses par les âges, diverses par les statuts, diverses par les origines sociales, diverses par les nationalités. Cette diversité est une richesse. Elle est l'une des conditions de base dans la recherche de cette ouverture d'esprit, de cette culture universitaire que nous avons à cœur de préserver.

La question des étudiants étrangers mériterait à elle seule de longs développements.

J'ai entendu dire çà et là que l'on nous reprochait d'accueillir, chaque année, quelque 130 000 étudiants étrangers. Je m'en étonne, car cet accueil est conforme à la longue tradition d'ouverture de notre enseignement supérieur.

Je m'en étonne car cet accueil est utile : il est une source d'enrichissement pour nos propres étudiants.

Je m'en étonne car cet accueil est indispensable au rayonnement intellectuel et culturel de la France dans le monde. Quel autre pays que la France peut s'enorgueillir d'avoir formé autant de chercheurs, de scientifiques, de médecins, d'économistes, d'hommes d'État, de poètes venus de tous les horizons ? Il faut maintenir cette tradition. Le brassage des populations universitaires est l'une de nos richesses. Il faut le préserver.

## *Quatrième principe : l'Université doit être un exemple de démocratie*

Adaptée au monde moderne, tournée vers les entreprises et la société, ouverte sur le monde, l'Université doit être également, et c'est mon quatrième grand principe, un exemple de démocratie.

Cet exemple, elle doit l'être tout d'abord dans la capacité dont elle fera preuve de donner à chacun selon son mérite. Je m'explique.

Chaque année, certains étudiants, parfois très brillants, sont contraints d'abandonner leurs études faute de ressources financières. Encore aujourd'hui, les fils d'ouvriers ne représentent que 13 p. 100 de l'ensemble des étudiants. Je trouve cela inacceptable. Notre système universitaire ne deviendra réellement démocratique que s'il rend possible à tous les étudiants l'accès aux diplômes les plus élevés. Je pense tout particulièrement aux doctorats pour lesquels il est important d'améliorer et de développer le système des bourses de recherche.

Établir plus de justice sociale, c'est déjà un premier pas vers plus de démocratie. Mais cette démocratisation doit s'inscrire également dans la structure de notre enseignement supérieur. C'est ce que prévoit la loi sur l'enseignement supérieur en ce qui concerne le mode de gestion des établissements. Désormais, les établissements seront gérés de façon démocratique et les responsabilités qui relèvent du contrôle seront clairement séparées de celles de l'exécutif. Ainsi, l'ensemble des personnels et des étudiants seront-ils désormais amenés à prendre les grandes décisions, celles qui engagent l'avenir de leur Université.

Ensuite, la loi prévoit que les universités seront autonomes : je crois que la qualité de la recherche et des enseignements est largement fonction du degré d'initiative et de responsabilité des équipes qui dirigent les structures universitaires. Il paraît difficile, si l'on admet ce principe, d'administrer le système de manière trop centralisée, sous peine de diminuer son dynamisme. Cela est d'autant plus vrai que les établissements sont, en réalité, fort disparates. Ils sont disparates par leur taille (le rapport entre le plus petit et le plus grand va de 1 à 40), par leurs spécificités scientifiques ou professionnelles, par leur environnement socio-économique.

Toutes ces raisons ont conduit à prévoir, dans la loi, une large autonomie des établissements. Ceux-ci définissent leur politique de formation, de recherche et de documentation. Ils négocient avec l'État un contrat d'établissement portant à la fois sur les engagements pédagogiques de l'établissement et sur les engagements financiers de l'État. L'autonomie des établissements sera également favorisée par l'amélioration du statut des ingénieurs, des personnels administratifs, techniciens, ouvriers, personnels de service, notamment par l'extension du statut des personnels de recherche aux I.T.A. type C.N.R.S.

Il y a là une évolution normale vers plus de décentralisation, mais aussi, il me semble, vers une plus grande responsabilisation à la fois des étudiants, des enseignants, et de l'ensemble des personnels.

Démocratie des conseils, autonomie des universités, contractualisation, voilà un ensemble d'évolutions qui vont dans le bon sens.

Venons-en à l'année universitaire qui commence.

### LES MOYENS DE LA POLITIQUE UNIVERSITAIRE AU COURS DE L'ANNÉE 1984-1985

Avant toute autre chose, j'aimerais rappeler que la première des richesses dont nous disposons, c'est celle des hommes, celle des enseignants-chercheurs et de la jeunesse française.

Revenons un instant sur le rôle fondamental des enseignants-chercheurs. Leur tâche n'est pas aisée, il nous faut en être conscient. Ils doivent, tout à la fois, assurer l'élaboration et la transmission d'un savoir adapté aux contraintes du monde moderne et participer au développement et à la valorisation de la recherche.

Enseigner et chercher : ces deux tâches intimement confondues font tout l'intérêt d'une fonction sociale unique, car c'est à l'Université que s'écrivent dès à présent des pages essentielles de notre vie future. La formation est la clef de l'avenir. Conscient de la compétence des universitaires et de leur imagination, je sais que je peux compter sur leur disponibilité et leur soutien pour que l'enseignement supérieur gagne en qualité tout en s'adaptant aux besoins économiques et sociaux du pays. Je sais que la jeunesse française y aspire aussi. Jamais sans doute sa volonté d'acquérir des connaissances n'a été aussi forte. Car elle est bien plus consciente qu'on ne le pense généralement de l'âpreté des luttes auxquelles elle aura à faire face dans sa vie professionnelle future. Notre jeunesse exige une formation professionnelle adaptée. Elle a aussi soif de culture. L'ambition qu'elle affiche, et je ferai en sorte que notre action y réponde, c'est de se réaliser autant dans le travail que dans sa vie sociale et culturelle. Il y va de l'espoir de toute une génération.

Pour l'ensemble de ces raisons, l'Université doit se montrer ambitieuse. Et elle doit avoir les moyens de son ambition.

Très honnêtement, je crois que ces moyens sont aujourd'hui réunis. J'insisterai sur six éléments fondamentaux.

*1. Le budget 1985*

Au premier rang, je citerai bien entendu le budget de 1985. A l'image de ceux qui ont été mis en œuvre en 1983 et 1984, ce budget a été conçu et structuré en fonction d'un impératif, celui de régler le contentieux qui s'était accumulé et avait été quasiment entretenu depuis une dizaine d'années vis-à-vis des enseignants. Il faut régler ce contentieux. Mais, j'insiste sur ce point, il faut le régler selon des procédures justes, claires et connues de tous. C'est l'un des objectifs du décret statutaire du 6 juin dernier.

Voyons d'abord le problème sous son aspect quantitatif. C'est indiscutable, l'ampleur des créations et des transformations de postes, dans toutes les disciplines y compris médicales, est sans commune mesure avec tout ce qui a été fait depuis quinze ans. Les créations d'emplois sont importantes : 150 postes de professeurs en 1984 et 1985, 300 postes de maîtres de conférences dont 100 en première classe pour la seule année 1985, et ceci hors disciplines médicales.

En médecine, la création de 36 emplois de professeurs

et la transformation de 24 emplois de chefs de travaux en emplois de professeurs permettront, malgré le faible nombre de vacances par départ en retraite, de recruter 125 enseignants hospitalo-universitaires de rang professoral. D'autre part en 1984-1985, 100 emplois d'assistants seront transformés en emplois de maîtres de conférences.

Mais comme chacun le sait, notre effort portera principalement sur la transformation des postes. Au cours du IX$^{e}$ Plan, 4 000 assistants verront leur emploi transformé en emploi de maîtres de conférences. Dès 1984, ces mesures concernent 600 emplois. En 1985, elles en concerneront 850. Par ailleurs, les transformations d'emplois de maîtres de conférences en emplois de professeurs concerneront 500 personnes encore en 1985. Il s'agit là d'un effort considérable.

J'ai insisté et j'insisterai encore sur l'importance que revêt, à mes yeux, la qualité des enseignements. Cette redéfinition des emplois et des carrières s'inscrit dans le droit fil de cette exigence de qualité. Nous voulons un enseignement de qualité. Il est donc légitime que nous donnions à ceux qui développent les connaissances et dispensent le savoir, un statut qui soit respecté et des perspectives de carrières attrayantes.

Pour le passage d'assistant à maître de conférences, il s'agit d'une régularisation et non, comme on le dit parfois, d'une promotion. Il importe donc que les procédures de nominations soient claires et justes. J'ai décidé en conséquence de répartir les transformations, dans un premier temps, selon les universités, en fonction du nombre d'assistants-docteurs, en ayant soin de privilégier les assistants-docteurs d'État et les assistants-docteurs agrégés qui ont opté pour le statut d'assistant. Je proposerai également une grille de répartition entre les différentes disciplines. Mais, bien entendu, il incombera aux universités de ventiler les postes par disciplines de manière décentralisée. J'ajoute que nous réexaminerons la situation d'ici à un an afin de vérifier que la répartition entre les diverses disciplines a été équitable, et que les particularismes locaux n'ont pas joué de manière abusive, au détriment de la qualité.

*2. La mise en œuvre de la réforme des premiers cycles*

Dans soixante universités, la rentrée va être marquée par l'entrée en vigueur de cette réforme. Je crois que l'ensemble des projets élaborés par les universités témoigne du souci d'améliorer le fonctionnement des universités et la qualité des enseignements. Parmi les innovations que mettront en œuvre les établissements au cours des prochaines semaines, je voudrais insister sur trois points :

- La création d'une période d'orientation tout d'abord. Chacun sait que, dans de nombreux cas, les jeunes bacheliers se trouvent, en quelque sorte, à la croisée des chemins. Ils savent que le choix qu'ils seront amenés à faire conditionnera leur avenir professionnel. Mais ils ne disposent en définitive que de peu d'éléments pour faire un choix aussi essentiel. Cette carence conduit, d'une manière assez logique, vers des taux d'échecs inacceptables de l'ordre de 50 p. 100. Certaines universités mettront donc en œuvre un enseignement de base, pluridisciplinaire, qui permettra, je l'espère, que les étudiants puissent faire un choix plus raisonné et plus motivé.
- Deuxième innovation importante, la systématisation, dans un grand nombre de premiers cycles, de l'enseignement des langues et de l'initiation aux nouvelles technologies. J'ai déjà dit que ces deux disciplines constituaient, à mes yeux, des disciplines fondamentales dans une perspective de modernisation. Je sais trop combien nos entreprises sont souvent défavorisées, dans les négociations internationales, parce que nos cadres maîtrisent insuffisamment l'anglais, l'allemand, les langues latines, ou les langues orientales. Dans la plupart des domaines, les entreprises doivent s'engager dans une compétition

sinon toujours mondiale, du moins presque toujours européenne. Nous pouvons avoir assez de talent pour découvrir de nouveaux procédés et inventer de nouveaux produits ; nous pouvons avoir assez d'habileté pour fabriquer des marchandises dans des conditions compétitives ; si nous ne savons pas vendre, tous nos efforts sont réduits à néant.

L'enseignement des nouvelles technologies, et en particulier, de l'informatique, est aussi un impératif. Le président de la République l'a affirmé en plusieurs occasions importantes. De nombreux programmes d'initiation débutent dans les domaines les plus divers. C'est, en particulier, dans les prochains jours que commenceront les émissions de télévision destinées à sensibiliser le grand public. L'Université ne peut être absente de ce grand mouvement. D'autres pays l'ont déjà fort bien compris. L'enseignement supérieur doit pleinement participer au vaste effort de diffusion de cette nouvelle culture technique. Dans la plupart des universités américaines, il est demandé aux étudiants d'acquérir un micro-ordinateur personnel. Nous n'en sommes évidemment pas encore là. Mais je pense que la réforme des premiers cycles constitue indiscutablement un pas en avant.

• Troisième élément de cette réforme, la création d'un diplôme nouveau, le D.E.U.S.T. Ce diplôme a été créé dans un souci d'efficacité. Il permettra qu'un certain nombre de disciplines nouvelles, orientées vers les techniques les plus diverses, puissent être prises en compte dans la formation de base de nos étudiants.

Ces innovations sont importantes. Leur introduction sera étendue à d'autres universités dès l'année prochaine après discussion avec les établissements.

Je souhaite cependant que l'on soit très attentif au fonctionnement concret des premiers cycles au cours de l'année qui vient. L'idée de faciliter l'orientation des étudiants est intéressante, mais il ne faudrait pas qu'une préoccupation trop strictement informative prenne le pas sur l'enseignement des disciplines universitaires proprement dites. De même, l'apprentissage des disciplines techniques me paraît indispensable, mais il ne faudrait pas qu'il trahisse l'exigence de la formation des esprits. Les innovations, pour importantes qu'elles soient, ne doivent pas détourner l'Université de ses fonctions fondamentales.

*3. La réforme des études doctorales*

Le doctorat est sans aucun doute la pierre angulaire de notre système universitaire. Chaque étudiant devrait, en s'inscrivant en première année, poursuivre le but de devenir docteur. La réussite de la réforme des études doctorales est, par conséquent, essentielle. La création de la nouvelle thèse poursuit en réalité deux objectifs. Il s'agit, tout d'abord, de créer un diplôme qui soit d'un niveau équivalent à ceux que l'on trouve à l'étranger, le Ph. D. en particulier. Les étudiants français pourront donc se trouver à égalité vis-à-vis de leurs collègues étrangers au démarrage de leur carrière.

Il s'agit, parallèlement, tout en maintenant l'exigence de réaliser une œuvre, de limiter la durée des études doctorales. Il importe que l'on puisse être en mesure de devenir titulaire d'un doctorat assez jeune pour pouvoir choisir une carrière dans une entreprise ou dans l'enseignement et la recherche. J'ai beaucoup de respect pour les titulaires de thèses d'État, mais force est de le constater, dans les humanités, de nombreux étudiants ont consacré trop de temps à la poursuite de leur doctorat d'État. Il était, je crois, important de fixer des limites. La nouvelle thèse le permet, elle répond en quelque sorte à notre exigence de modernisation et de mise à l'heure internationale.

L'autre aspect de la réforme des études doctorales concerne l'habilitation à diriger des recherches. Je considère que cette habilitation se situe à un niveau très élevé, supérieur même à celui de l'ancienne thèse d'État. Chacun sait que le niveau des doctorats d'État varie suivant les universités et suivant les disciplines. Et disons-le sans ambiguïté : le doctorat d'État ne garantit pas toujours un degré d'initiative suffisant pour diriger des recherches. Il faut donc distinguer clairement le titre de docteur et l'habilitation. Je souhaite que celle-ci soit délivrée au plus haut niveau. Je puis vous assurer que je veillerai jalousement et personnellement à ce que ce niveau soit préservé. Et pour que tout soit clair, je demande que, chaque année, le Comité national d'évaluation fasse un rapport public et présente ses conclusions quant à la politique d'habilitation de chaque université.

*4. La mise en œuvre des nouveaux statuts d'E.P.C.S.C.P.*

Je l'ai dit tout à l'heure, j'attache une grande importance à ce que le statut d'E.P.C.S.C.P. soit, là encore, un statut de très haut niveau.

Garantissons ce niveau, et nous inciterons les grands établissements d'enseignement non universitaires à devenir des E.P.C.S.C.P. A ce propos, je me réjouis de ce que la loi sur l'enseignement supérieur agricole ait prévu la possibilité d'adopter ce statut pour les grands établissements d'enseignement agricole. J'espère que, très bientôt, d'autres écoles prestigieuses suivront le même chemin !

Mais je l'ai dit, il faut pour cela que nous veillions à n'offrir le label d'E.P.C.S.C.P. qu'aux établissements de haut niveau. Il n'est pas question de tolérer le moindre laxisme dans l'attribution de ce statut.

Il faut être cohérent. Nous voulons que nos diplômes, et en particulier nos titres de docteurs, soient reconnus internationalement. Nous devons donc veiller à ce que seuls des établissements de haut niveau soient habilités à les délivrer.

Enfin, nous souhaitons, le secrétaire d'État chargé des Universités et moi-même, que les statuts puissent être adoptés le plus rapidement possible, en tout cas avant le 30 juin 1985, de manière à ce que tout soit prêt dès la rentrée.

Ces statuts vont sans aucun doute transformer le fonctionnement de nos universités... Je n'insisterai que sur trois éléments :

• Tout d'abord, le renforcement du rôle des présidents d'université. La loi permet l'autonomie des universités. J'ai dit, par ailleurs, que je souhaitais que notre enseignement supérieur s'adapte au monde moderne. Il faut aussi que la gestion et la direction de nos établissements soient à l'image de ce monde : plus modernes et plus efficaces. Je me réjouis, dans cette perspective, de voir le rôle de président évoluer, comme le veut la loi, dans le sens d'une plus grande autorité.

• Ensuite, l'esprit dans lequel seront constituées les unités de formation et de recherche. Celles-ci doivent être réellement pluridisciplinaires, mais pas, comme dans la loi précédente, pour la beauté du terme. Elles doivent l'être dans un souci de formation professionnelle qui fasse appel réellement à plusieurs disciplines. Elles doivent être, de plus, de taille suffisante pour qu'il n'y ait pas atomisation des universités. Il faut que chaque unité atteigne une taille suffisante pour permettre le plus fréquemment possible l'association d'équipes de recherche.

• Enfin, l'article 33 de la loi qui permet, en fonction des besoins et des nécessités liées à des formations spécifiques, de créer des instituts et des écoles spécialisées à l'intérieur des universités. Bien entendu, il n'est pas question d'émietter nos établissements et de disperser nos forces. Mais la création de ces écoles et instituts permettra, au cas par cas, d'introduire des éléments de souplesse qui pourront se révéler extrêmement utiles.

*5. Les nouvelles tâches de l'Université*

Je viens de parler de souplesse. C'est l'une des caractéristiques principales du monde moderne que d'évoluer sans cesse, de façon rapide et, le plus souvent, inattendue. Notre époque est celle de la mobilité. Inévitablement, notre appareil éducatif aura, de plus en plus souvent, à répondre à des besoins apparus brutalement. Notre Université a les moyens de le faire avec succès. Elle l'a déjà montré. En l'espèce, il n'y a pas de plus bel exemple que celui de la filière électronique. Il y a deux ans, la progression rapide des activités de l'électronique et de l'informatique avait conduit à une situation paradoxale. Alors que le nombre de chômeurs atteignait presque deux millions, les entreprises de l'électronique étaient dans l'impossibilité d'embaucher, faute de personnel formé. Il manquait 1 100 ingénieurs et 3 000 techniciens supérieurs. Deux plans de formation ont été mis en œuvre, le premier pour rattraper le déficit de l'époque, le second destiné à accompagner la croissance des activités de l'électronique. On peut dire, dès à présent, que les objectifs prévus sont atteints et même dépassés. Nos universités ont réussi à augmenter les flux annuels de 2 750 ingénieurs ou équivalents et de 4 000 techniciens supérieurs, ce qui représente plus de 50 p. 100 d'augmentation en trois ans.

Cet exemple montre que l'on peut avoir confiance dans la capacité de notre Université à évoluer rapidement, au gré des transformations économiques et industrielles.

Mais les nouvelles tâches de l'Université ne s'arrêtent pas là. Elles concernent également la formation des maîtres.

Traditionnellement, l'Université participe à la formation des enseignants de l'Éducation nationale. Elle prépare aux C.A.P.E.S. et aux agrégations ; elle participe à la formation des instituteurs. Elle participe à la formation continue des enseignants dans le cadre des plans académiques de formation.

Au terme de la loi sur l'enseignement supérieur, la participation de l'enseignement supérieur à la formation des maîtres et des formateurs va être amplifiée.

Plus précisément, nous confions aux universités une double mission :

• Tout d'abord, elles se verront étroitement associées à la formation des instituteurs et des P.E.G.C. Celle-ci s'étendra désormais sur quatre ans ; le premier cycle permettant d'obtenir un D.E.U.G., le second cycle ayant une finalité professionnelle. Dès la rentrée 1984, une cinquantaine d'universités se sont engagées à mettre en place une préprofessionnalisation au cours du premier cycle dans le cadre de contrats négociés avec le ministère de l'Éducation nationale et qui sont d'ores et déjà prêts.

• Ensuite, elles participeront plus activement à la formation des enseignants dans les disciplines technologiques en développant l'E.N.S.E.T., en renforçant les préparations des C.A.P.E.T. et des agrégations technologiques et en multipliant les filières de second cycle dans le domaine de l'électronique, de l'électrotechnique, de l'informatique et d'autres secteurs technologiques dans lesquels les carences sont les plus criantes.

Je souhaite qu'à travers cet élargissement des attributions universitaires, on aille vers une plus grande cohérence dans la formation des enseignants.

Trouver rapidement réponse à des besoins nouveaux, accroître son effort dans le domaine de la formation des maîtres, telles sont les nouvelles missions de l'Université.

Pour être complet, j'en ajouterai une troisième ; comme vous le savez, j'ai fait hier, au Conseil des ministres, une communication concernant l'accroissement des flux dans les formations d'ingénieurs et dans les I.U.T. Ces engagements constituent un premier pas, il est clair que nous devons intensifier notre effort dans l'ensemble du secteur de l'enseignement technologique et réexaminer la situation et l'évolution des autres filières universitaires telles que les M.S.T., M.I.A.G.E. et D.E.S.S.

## 6. *Le renouvellement de la recherche*

Le gouvernement a, vous le savez, placé la recherche parmi ses priorités.

J'ai moi-même, en tant que ministre de la Recherche et de la Technologie, proposé au gouvernement de promulguer la loi d'orientation et de programmation de la Recherche. J'ajoute que j'avais toujours veillé à ce que la recherche universitaire prenne toute son importance dans ce dispositif et, en particulier, qu'elle puisse bénéficier d'un accroissement de ses ressources parallèle à celui des autres secteurs de la recherche. Pour l'année qui vient, la recherche universitaire dispose d'un budget important, puisque les autorisations de programme s'élèvent à 1 085 millions de francs pour 1985.

Mais surtout l'année universitaire 1984-1985 sera marquée par l'achèvement de la nouvelle procédure contractuelle de dialogue que les universités et mon ministère ont engagée tout au long de l'année dernière. L'un des objectifs de la politique contractuelle a été ainsi de structurer la recherche universitaire. A côté des formations associées au C.N.R.S. ou à l'I.N.S.E.R.M., nous avons ainsi fait émerger 900 formations des 3 000 existantes. Elles regroupent près de 6 000 enseignants-chercheurs qui bénéficient ainsi d'allocations financières privilégiées de la part des universités. Je souhaite que ce mouvement de réorganisation de la recherche se poursuive et s'amplifie.

Il faut y ajouter que je vais rechercher avec mon collègue H. Curien les voies qui nous permettront de mettre en place un plan pluriannuel de jouvence des équipements de la recherche universitaire.

Je mentionne encore une direction que m'a signalée Monsieur le directeur de la recherche, visant à la structuration de pôles de formation et de recherche sur des technologies de base ou des « verrous » technologiques, qu'il s'agisse de projets « matériaux », du traitement du signal, des techniques de collage, de l'intelligence artificielle, etc. Il s'agit là de thèmes privilégiés autour desquels peut être organisée la formation de nos ingénieurs par la recherche et je veillerai avec M. Schwartzenberg et M. Carraz, secrétaire d'État chargé de l'enseignement technique et technologique, à ce que le terrain soit rapidement défriché.

Voilà donc les six points importants de la rentrée universitaire 1984.

Je voudrais, pour terminer, vous exposer les orientations et les priorités qui ordonneront l'action de mon ministère au cours des mois à venir.

## UNE STRATÉGIE FONDÉE SUR SIX LIGNES D'ACTIONS PRIORITAIRES

La loi sur l'enseignement supérieur est, je l'ai dit, le cadre sur lequel nous aurons à nous appuyer. Nous devons donc veiller à ce que les principes qu'elle contient soient mis en application dès que possible. J'entends, en particulier, que l'essentiel des décrets d'application soit paru dans les prochains mois. Je m'y engage de la manière la plus claire.

Cette grande réforme sera le socle de l'édifice. Mais la parution de décrets ne résoudra pas, pour autant, tous les problèmes. Il faut voir plus loin.

### *1. L'élaboration de la carte universitaire*

Cette carte doit être conçue pour maîtriser l'évolution des formations universitaires, celle des flux d'étudiants, et celle des établissements. Elle doit intégrer dans une politique globale d'aménagement du territoire, à la fois le souci de la qualité, les besoins de la nation et l'héritage de l'histoire universitaire.

Il s'agit d'un document qui doit être simultanément descriptif, prospectif, et évolutif.

Son élaboration sera donc une œuvre complexe. Elle

ne pourra s'effectuer qu'à l'issue d'une concertation approfondie avec les établissements et les autres parties prenantes de la communauté universitaire.

Parce qu'il sera public, ce document permettra aux établissements d'inscrire leur projet de développement dans les orientations arrêtées par le gouvernement, sans pour autant compromettre leur identité. Bien au contraire, il leur donnera une chance d'acquérir une véritable autonomie.

La réalisation de cette carte est par conséquent d'une grande importance, car elle recouvrira nécessairement les principaux éléments de développement des universités : toutes les habilitations à la recherche, les troisièmes cycles, ainsi que la répartition des emplois et des crédits de recherche. En médecine, il conviendra de tenir compte du lien spécifique entre l'Université et l'Hôpital.

Dans la perspective de la réalisation de la carte, je souhaite engager deux actions :

- Je demanderai, en liaison avec le secrétaire d'État chargé des Universités, tout d'abord à la commission interministérielle de prospective et d'orientation des formations supérieures, prévue à l'article 10 de la loi, de se mettre au travail rapidement en s'appuyant sur le C.E.R.E.Q. et, en particulier, de donner une première série d'indications concernant les flux souhaitables d'étudiants. Ces informations seront extrêmement utiles pour bâtir la carte.
- Je demanderai également que la politique d'habilitation donne la priorité aux D.E.A. C'est ainsi que les universités pourront dessiner le profil de leur avenir.

Il ne faut pas s'illusionner, l'élaboration de la carte sera une mission délicate. Il faut s'y employer dès à présent car nous trouverons en elle le moyen de concilier les exigences de la décentralisation et de l'autonomie, avec celles, indispensables, de la cohérence de notre système d'enseignement supérieur.

*2. La recherche*

Pour un pays comme la France, les ambitions de la recherche doivent être particulièrement importantes. Le gouvernement a d'ailleurs, depuis trois ans, réaffirmé très fréquemment qu'elles constituent une priorité. La recherche universitaire doit, elle-même, jouer un rôle de moteur dans notre enseignement supérieur et elle doit s'insérer dans le dispositif global de la recherche française. J'attache donc la plus grande importance à ce que ses activités soient bien coordonnées avec celles des grands organismes publics, en particulier le C.N.R.S. et l'I.N.S.E.R.M., mais également avec les entreprises, la formation de chercheurs constitue elle-même un élément important du dispositif. Il importe que les jeunes scientifiques soient particulièrement mobiles. Eux aussi doivent être un trait d'union entre le monde de la recherche et celui de l'entreprise.

J'ai déjà abordé la plupart des problèmes que pose aujourd'hui la recherche universitaire : le problème de l'habilitation des D.E.A., de leur nombre, de leur organisation ; le problème de la durée des études doctorales ; celui des allocations de recherche.

Je souhaite donc, dès à présent, faire une première série de propositions.

Notre objectif fondamental doit être, à mon sens, de former le plus grand nombre possible de chercheurs de qualité qui, compte tenu de la durée de la nouvelle thèse, en moyenne trois ans, pourront, soit rester dans la recherche publique, soit aller dans les industries, soit passer les concours d'enseignants-chercheurs.

Il importe donc, tout d'abord, que nous puissions financer les thèses. Si nous voulons créer un véritable vivier de la recherche, il nous faut financer davantage de bourses. C'est là un premier point important.

Ensuite, nous devrons veiller à ce que les équipes d'encadrement des D.E.A. soient le mieux structurées possible pour accueillir les chercheurs. Cet impératif doit véritablement conditionner le recrutement des enseignants-chercheurs. La durée des allocations de recherche et la liste des établissements habilités à délivrer des doctorats seront connues prochainement.

Enfin, nous veillerons à articuler étroitement les D.E.A. et les groupements de formations doctorales avec l'ensemble des laboratoires qui assurent l'encadrement des stages et des thèses. C'est l'un des points essentiels de la réforme des études doctorales. Cela signifie notamment que nous concentrerons les efforts sur les D.E.A. fortement liés aux pôles de recherche que la politique contractuelle a permis de structurer dans le cadre de la loi d'orientation et de programmation. Je souhaite, en particulier, que les établissements universitaires orientent rapidement une part de leur potentiel vers les programmes mobilisateurs et les programmes finalisés.

La recherche universitaire doit participer pleinement à ces priorités nationales. C'est un impératif pour la nation comme pour les universités et les écoles.

### 3. *La vie étudiante*

J'ai déjà eu l'occasion de le dire, la vie étudiante est un problème clef. L'amélioration de la qualité de la vie des étudiants doit être prise au sérieux. Elle impose, certes, et nous avons déjà commencé à agir, de revaloriser les revenus les plus défavorisés. Cet effort sera poursuivi.

Mais nous devons aussi prêter attention à la qualité de l'accueil et de la vie sociale dans les campus. En l'occurrence, j'ai été frappé par certaines des conclusions du rapport de M. Domenach en ce qui concerne l'urbanisation des universités. On ne peut pas vouloir tout à la fois intégrer davantage la vie de l'étudiant à la vie de la cité et, dans le même temps, conserver une Université qui soit trop démarquée de la vie courante. Il faut réveiller les campus en introduisant davantage d'animations, en particulier culturelles. Il faut que les étudiants puissent trouver à leur disposition des librairies, des maisons de la presse, des cinémas, des théâtres. En un mot, il faut se démarquer de l'idéologie par trop fonctionnaliste qui a marqué la conception de nombre d'universités, pour promouvoir une véritable urbanisation des campus. Nous allons nous y employer.

En ce qui concerne le problème des œuvres universitaires, je demande à mes services de reprendre une active concertation dans un esprit de dialogue et d'ouverture. Elle concernera tout à la fois les modes d'hébergement et de restauration, mais aussi la vie culturelle au sens large. En un mot, engageons le dialogue sur les orientations proposées par M. Domenach.

Je souhaite que l'on soit ouvert et inventif. La vie change, la vie universitaire doit changer aussi. L'Université ne doit pas être une oasis, elle doit être un lieu de travail efficace mais, bien entendu, surtout pas un ghetto.

*4. La formation des enseignants-chercheurs du supérieur*

Je considère là aussi qu'il s'agit d'une priorité, et que nous aurons à définir, dans les mois à venir, une politique nouvelle et cohérente. C'est cependant une question très difficile, qui a suscité bien des controverses, à laquelle je souhaite réfléchir. M. le directeur général des enseignements supérieurs et de la recherche avait demandé un rapport à M. Léna. Le rapport d'étape est très intéressant et indique bien que différentes voies peuvent être envisagées, définissant par là même notre politique de recrutement. Ce problème ne se pose pas que chez nous, aussi M. Léna a-t-il eu raison de poursuivre son investigation, en procédant à une analyse comparative de ce qui se passe dans les principaux pays étrangers. Quoi qu'il en soit, et quels que soient les résultats de notre réflexion, je reste attaché à quelques grands principes :

• L'absolue nécessité de former les enseignants-chercheurs non seulement au départ de leur carrière, mais tout au long de leur vie.

• Ensuite le caractère spécifique de cette formation, qui doit donner toute sa place à l'intégration dans des équipes d'enseignement et de recherche. C'est ce que l'on pourrait appeler « l'apprentissage » de ce qui est spécifique à ces métiers de la recherche.

• Le rôle spécifique que les écoles normales supérieures réorganisées seront appelées à jouer dans ce dispositif. Je vous livre quelques-unes des directives que j'ai fixées à M. le directeur général des enseignements supérieurs et de la recherche pour que la situation évolue rapidement. Il faut que la fusion des écoles de la rue d'Ulm et de Sèvres soit menée rondement, en parallèle avec la jouvence et le regroupement de leur potentiel scientifique et immobilier. C'est de cette façon que mon département maintiendra en son sein une École normale prestigieuse qui entretiendra l'émulation séculaire et fructueuse avec l'École polytechnique.

Il convient aussi d'accélérer la mise en place des deux nouveaux établissements publics à caractère scientifique, culturel et professionnel qui naîtront des apports de l'E.N.S. de Fontenay et de celle de Saint-Cloud. J'annonce, enfin, mon intention d'aller avant la fin du mois de janvier à Lyon, poser la première pierre de l'E.N.S. Rhône-Alpes.

*5. La formation des maîtres*

J'ai présenté, il y a un instant, la formation des maîtres comme l'une des innovations de la rentrée 1984. Il faut aller plus loin. L'enseignement supérieur doit assumer pleinement le rôle nouveau que lui assigne la loi sur l'enseignement supérieur. Ce sont bien tous les maîtres que nos établissements doivent former ou contribuer à former : qu'il s'agisse des instituteurs, des enseignants des disciplines techniques ou des enseignants de l'enseignement général. Nous devons élever le niveau de qualification des maîtres qui conditionne celui de l'ensemble de la population. Nous devons faire bénéficier nos enseignants de la progression des connaissances. Tel est le sens profond de la loi du 26 janvier 1984.

L'élargissement des missions de l'Université soulève bien entendu une série de questions, en particulier celle des relations à créer entre les écoles normales et les universités. En l'occurrence, je crois qu'il convient de tenir compte des avis des professeurs d'écoles normales qui, dans leur grande majorité, souhaitent participer à l'enseignement supérieur pour se rapprocher de la recherche. Le dialogue a été amorcé entre les différents partenaires de l'Éducation nationale à l'occasion de la réforme de la formation des instituteurs et du passage de sa durée à quatre ans. Je souhaite, là encore, que l'on aille vite, dans le cadre de conventions entre les universités et les E.N.I.

D'une manière générale, je suis attaché à ce que l'on tire toutes les conséquences de la pleine responsabilité de l'enseignement supérieur dans la formation des maîtres. Il faut en particulier trouver un accord sur deux points :

- sur les contenus de formation qui doivent respecter à la fois l'objectif de la qualification scientifique propre à l'enseignement supérieur et celui de la préparation au métier d'instituteur ;
- sur les structures de formation, qui doivent trouver des synergies dans une coopération efficace entre les universités et les écoles normales.

Je suis, pour ma part, persuadé que nous trouverons rapidement de solides accords sur ces deux points. Il faudra alors répartir les tâches entre les deux types d'établissements supérieurs que sont, aux termes de la loi, les universités d'une part, et les écoles normales de l'autre. Cette répartition ne doit, à mon sens, pas s'effectuer en fonction des cycles, ce qui conduirait à une juxtaposition sans doute néfaste, mais assurer entre les écoles normales et les universités une coopération dans les deux cycles.

Je n'aurais garde d'oublier, ou de négliger, les autres problèmes de la formation des maîtres. Je pense en particulier à l'accroissement des flux de préparation aux C.A.P.E.T. et à l'agrégation dans l'enseignement technique. Mais soyez-en sûrs, nous aurons à en reparler très bientôt.

*6. La formation continue*

Je termine par ce qui a été un peu considéré comme le parent pauvre de l'Université, je veux parler de la formation continue. Tout contribuait dans le passé à des relations difficiles avec le monde extérieur en ce domaine. On avait trop le souci de ne pas financer l'Université par d'autres moyens que les dotations budgétaires. Et l'on souhaitait ne pas voir les enseignants-chercheurs se détourner de leur fonction principale, former des étudiants. Bien sûr, ici ou là, des établissements, souvent des I.U.T., avaient une politique active. Mais les chiffres sont là : 10 % seulement des 1,1 % que les entreprises consacrent à leur formation permanente de niveau supérieur, allaient vers les universités. Dans les disciplines de pointe, il est choquant, en informatique par exemple, que certains organismes se soient substitués aux universités, sans que le contenu de l'enseignement soit contrôlé et ceci, bien entendu, dans des conditions financières que tout le monde connaît. Cette époque, je le dis solennellement, est révolue. La mission de formation continue est sur le même plan que la formation initiale dans l'article 4 de la loi d'enseignement supérieur. Elle est le moyen privilégié de s'ouvrir vers l'extérieur, elle permet à l'Université de participer de manière essentielle à l'effort collectif de formation du pays, et cela dans les formations de haut niveau, elle contribuera dans les années à venir, de manière non négligeable, à améliorer le financement des universités.

Comment aboutir à tout cela ? Je crois qu'il faut, avant tout, faire preuve de souplesse dans la gestion des problèmes.

• Souplesse pour les usagers : nous devons construire des filières de formation permettant l'accès des adultes et la prise en compte de leur expérience, mais aussi la définition des parcours de formation les plus efficaces.

• Souplesse pour les enseignants-chercheurs, qui vont désormais pouvoir comptabiliser la formation continue dans leurs services. Ne nous y trompons pas, c'est là un bon moyen de réévaluer cette formation continue.

• Souplesse enfin, dans les financements : il faudra définir des orientations claires pour la fixation des tarifs et des rémunérations, mais je crois qu'il faut *a priori* encourager la souplesse et l'esprit d'initiative jusque dans ces domaines.

La souplesse doit être, je crois, le maître mot dans ce vaste effort de mobilisation de l'Université pour réévaluer la formation permanente et la faire bénéficier de l'enseignement supérieur et de la recherche. Il s'agit, à travers cela, d'un moyen supplémentaire de parvenir à notre but ultime : rapprocher l'Université de la vie moderne.

Trois mots ont traversé mon intervention : *qualité, adaptation, recherche*. Je ne doute pas un instant que ces trois mots ne recouvrent aussi vos principales préoccupations. Ils sont la condition nécessaire du renouveau de l'Université française. C'est la tâche à laquelle nous devons tous ensemble nous atteler.

# 2. Les I.U.T., précurseurs de la professionnalisation*

Les Instituts Universitaires de Technologie (I.U.T.) ont aujourd'hui dix-huit ans d'existence. L'effort national pour les créer, les promouvoir, les soutenir a été, surtout durant la phase de mise en place, considérable, les moyens mis en œuvre souvent exceptionnels.

Les I.U.T. ont, historiquement, constitué le fer de lance de la politique d'ouverture des universités sur les milieux économiques et, à certains égards, un modèle pour l'institution de formations universitaires professionnalisées, en particulier de licences et maîtrises technologiques, et cette année de D.E.U.S.T.

Aujourd'hui encore, malgré une conjoncture moins favorable que durant la période de leur fondation, la finalité professionnelle qui leur a été assignée dès le départ continue d'assurer au plus grand nombre de leurs formations une place enviable dans le système universitaire français. Les I.U.T. sont donc, indiscutablement, les précurseurs et les acteurs de cette université professionnalisée que nous sommes en train de bâtir.

## *Qualité pédagogique, logistique et ténacité*

Les ressorts de cette réussite ne sont pas obscurs. Tout d'abord, le fonctionnement des I.U.T. associe, tant au niveau des commissions pédagogiques nationales qu'à celui de la gestion locale, le monde universitaire et les représentants des milieux socio-professionnels. Ce côtoiement ne peut qu'être profitable aux uns et aux autres et plus encore aux bénéficiaires du système de formation.

* Dixième anniversaire de l'Union nationale des présidents de conseil d'administration d'I.U.T., Paris, 27 novembre 1984.

Par ailleurs, si la charge d'enseignement correspondant à la préparation au diplôme universitaire de technologie est relativement lourde (près de 2 000 heures en deux ans), la pédagogie utilisée est particulièrement appropriée à la vocation des I.U.T. Une bonne moitié des enseignements est de caractère pratique et s'effectue en laboratoire ou en atelier, par petits groupes d'étudiants. Les bases théoriques représentent environ 20 p. 100 des horaires d'enseignement et une place importante est réservée aux techniques de communication. De plus, l'encadrement pédagogique est assuré aussi bien par des maîtres de l'enseignement supérieur que par des personnels de l'enseignement secondaire et technique. Il comprend obligatoirement une participation notable (15 à 20 p. 100) d'ingénieurs ou cadres exerçant normalement leur activité dans les entreprises. Leur présence dans les I.U.T. facilite l'adaptation des étudiants aux milieux dans lesquels ils pénétreront à leur entrée dans la vie active.

Enfin, entre objectifs et moyens, une relation de cohérence s'exprime et se réalise par l'application de normes très précises tant pour l'accueil, l'action pédagogique et l'encadrement que pour les constructions et les équipements.

La clarté d'un projet initial adapté à des besoins incontestables, la qualité du dispositif pédagogique et logistique sur lequel il a pu s'appuyer, la ténacité des responsables qui se sont voués à sa réalisation ont entraîné la création progressive de 67 établissements, subdivisés en 287 départements à vocation « secondaire » ou « tertiaire » et répartis sur l'ensemble du territoire. Près de 59 000 étudiants ont été accueillis dans les I.U.T. à la dernière rentrée ; ils n'étaient que 40 000 à la rentrée de 1974. [...] Grâce au schéma directeur 1984-1988, qui assure la création de 32 nouveaux départements, et aux mesures nouvelles que j'ai prises, 2 000 étudiants de plus seront accueillis à la rentrée 1985.

En premier lieu, les filières conduisant au D.U.T. ont été conçues, dès l'origine, comme évolutives : l'adaptation continue des formations à la demande du marché est même l'une des originalités du système. Or, nous ne devons pas nous cacher que, dans la conjoncture actuelle, ce devoir d'adaptation est plus impératif que jamais. Une récente enquête menée par le Centre d'études et de recherches sur les qualifications (C.E.R.E.Q.) fait apparaître, en effet, que si, depuis plusieurs années, le taux de chômage à quelques mois de la sortie des I.U.T. reste, dans l'ensemble, inférieur à 20 p. 100, cette stabilité globale dissimule des évolutions très contrastées selon les spécialités. De plus, une tendance à la déclassification paraît affecter certains D.U.T. du secteur tertiaire alors même que le taux et les délais d'embauche demeurent satisfaisants. Ces constatations ne visent nullement, croyez-le bien, à jeter de l'ombre sur le bilan très positif dont les I.U.T. méritent d'être crédités. Elles appellent seulement à la vigilance et à l'effort, aucun secteur ne pouvant se croire protégé dans un monde en mutation.

Ma deuxième réflexion portera sur l'admission dans les I.U.T. et, plus particulièrement, sur la part faite aux bacheliers « techniciens » dans les entrées en première année. Cette part était de 35,9 p. 100 en 1977-1978, elle est actuellement de 30,9 p. 100. La diminution affecte d'ailleurs le secteur tertiaire (– 2,9 p. 100) plus que le secteur secondaire (– 5,6 p. 100). Tout se passe comme si les I.U.T. étaient un peu victimes de leur succès et attiraient un nombre grandissant de bacheliers généraux issus notamment des séries C et D. Ces derniers se retrouvent d'ailleurs assez souvent dans les écoles ou les deuxièmes cycles universitaires à l'issue de leur scolarité en I.U.T. Inversement, on constate que certains étudiants écartés par les I.U.T. pour insuffisance de niveau se dirigent vers des études longues pour lesquelles ils ne sont manifestement pas faits.

Cette dérive n'est pas inévitable et le réservoir de bacheliers généraux n'est pas tel que nous puissions la laisser se poursuivre, au risque de voir les I.U.T. abandonner à terme leur vocation initiale pour se transformer, en quelque sorte, en « premiers cycles supérieurs ».

Les correctifs à ces phénomènes doivent être recherchés par la voie d'une meilleure orientation de l'ensemble des bacheliers. Placer chacun d'eux dans le créneau de formation le plus conforme à ses aptitudes implique l'émergence d'une politique globale d'accueil et d'orientation des étudiants prévue par la loi du 26 janvier 1984. C'est en tout cas en étroite collaboration avec les universités dans lesquelles ils s'insèrent que les I.U.T. devront désormais organiser leur recrutement et réfléchir à la mise en place de systèmes de réorientation à double sens entre leurs formations et des premiers cycles universitaires en pleine rénovation. En particulier, il me paraît souhaitable d'accroître le nombre « d'années spéciales » qui permettent à des titulaires de premier cycle d'obtenir en un an le D.U.T.

A l'heure où la compétition économique s'exacerbe, il est légitime d'attendre qu'au sein de nos universités, si riches de projets et de talents, toutes les énergies se rassemblent pour proscrire les échecs et déperditions évitables et coordonner leurs efforts en vue du meilleur rendement possible en nombre et en qualité.

# 3. Soyez meilleurs que les meilleurs*

J'ai toujours beaucoup apprécié l'ambiance universitaire, que ce soit comme étudiant ou comme professeur. Je me suis mis en tête, en 1983, de faire des cours pour transmettre le peu d'expérience que je croyais avoir acquise comme ministre de la Recherche. C'était un cours sur la science, la technologie et les sciences sociales[1] et je me suis rendu compte de la difficulté de transmettre l'expérience acquise. Alors, je vous prie de considérer vos professeurs avec beaucoup de respect, car le travail qui consiste à préparer un cours n'est pas un petit travail !

L'université est sûrement un des lieux les plus attachants de notre société, un des lieux où se prépare l'avenir, c'est un des lieux où se transmet la connaissance, où la connaissance se façonne, à travers la recherche. C'est l'endroit où s'échangent les idées, où on se rencontre, où on se frotte les uns aux autres, et c'est par conséquent un lieu de socialisation.

## *Accueillir plus d'étudiants*

Vous avez de la chance d'être dans l'enseignement ; pouvoir s'inscrire à l'université n'est pas donné à tous. Les chiffres sont impitoyables. Ils montrent que la France a pris du retard par rapport aux autres grands pays industrialisés. 26 p. 100 seulement des jeunes Français de vingt à vingt-quatre ans fréquentent l'enseignement supérieur contre 57 p. 100 aux États-Unis, 37 p. 100 en Suède,

* Université de Paris-Nord, Villetaneuse, 10 décembre 1984.

1. J.-P. Chevènement, *Sciences, Mutations techniques et Société*, Paris, Fondation Nationale des Sciences Politiques, 1983-1984, 196 pages.

30 p. 100 aux Pays-Bas, 30 p. 100 au Japon. Loin de moi l'idée de transposer quelque modèle que ce soit. Mais nous nous situons au onzième rang mondial. Il faut donc accroître, significativement, le nombre de nos étudiants, ne pas laisser se creuser cet écart, le combler. C'est essentiel pour l'avenir de notre pays.

Vous avez de la chance de faire des études supérieures parce que, comme l'ont montré de nombreuses études sociologiques, l'Université fonctionne trop souvent comme une machine à reproduire les élites installées. Certaines catégories socioprofessionnelles sont manifestement sous-représentées : les enfants des personnels de services, des ouvriers agricoles, des agriculteurs, des employés et des professions représentant une majorité de la population active, mais à peine un quart des étudiants.

Ce n'est pas seulement une injustice ; c'est un gaspillage pour le pays tout entier. Les statistiques montrent la corrélation entre l'origine sociale et la réussite scolaire. Mais même s'il y a 30 p. 100 ou 40 p. 100 de fils d'agriculteurs qui ont des difficultés, il ne faut pas oublier que 60 p. 100 à 70 p. 100 n'en ont pas. Il faut donner à ces 60-70 p. 100 autant de chances qu'aux enfants des catégories les plus privilégiées de la population.

Cette réflexion sur le succès scolaire et l'inégal accès à la réussite m'a amené à employer l'expression d'*élitisme républicain,* sur lequel la controverse est loin d'être éteinte. Mais il faut bien, pour faire pénétrer les idées, commencer par chatouiller un peu ! On doit pouvoir accéder à l'université non pas en raison de son origine sociale, mais en fonction de son mérite et de ses capacités.

[...] Au niveau de l'enseignement supérieur, il s'agit de faciliter l'accès des enfants des classes populaires. Je veux citer quelques chiffres trop peu connus : les plafonds de ressources qui déterminent l'attribution des bourses ont été relevés de 14 p. 100 en deux ans ; les taux moyens des bourses viennent d'augmenter de 17 p. 100 et je rappelle que, depuis 1980, l'augmentation atteint presque 50 p. 100.

Beaucoup d'entre vous sont par ailleurs d'origine modeste ou populaire : quelles que soient les difficultés rencontrées pour entrer à l'université — ou que vous rencontrez encore, puisque beaucoup parmi vous sont salariés — je tiens à dire que ceux-là ont plus de mérite que d'autres. C'est à eux que je pense en premier lieu, parce que notre université n'a pas assez d'étudiants, qu'il faut en faire entrer davantage en son sein. Par conséquent, ces jeunes de milieu modeste méritent à l'université une attention particulière.

Je demande également aux universités d'organiser le plus soigneusement possible les modes d'accès pour tous ceux qui n'ont pas les diplômes requis. Il faut aussi que les infrastructures universitaires soient utilisées plus rationnellement. C'est sûr, il y a surpeuplement. Dans d'autres grands pays, les universités sont ouvertes tôt le matin et ferment tard le soir. Elles sont utilisées bien souvent pour les besoins de la formation professionnelle et continue, au bénéfice d'adultes et de jeunes adultes. Elles sont ouvertes pendant les mois d'été. Nous devons faire un effort en ce sens.

C'est ainsi que nous donnerons plus facilement une chance à tous. Nous sommes dans une période difficile, nous devons utiliser mieux les moyens que nous avons. Il est fondamental d'avoir cette réflexion « économique », au sens étymologique du terme.

Je pense que vous vous attendez à ce que je vous dise : « Mes amis, au boulot ! » Je ne me déroberai pas. C'est bien le message que je souhaite vous apporter.

Il ne s'agit pas en effet au nom de l'ouverture — et l'ouverture est nécessaire — de promouvoir un enseignement au rabais. Il s'agit de faire en sorte qu'il y ait plus d'étudiants. Toute république digne de ce nom s'est donné des valeurs exigeantes. Et si la République française a été grande, dans le temps, c'est qu'elle était exigeante.

L'Université républicaine était menée par des maîtres exigeants — des gens d'immense conscience professionnelle, des lumières de l'intelligence, non pas seulement pour la France, mais pour le monde. La République a besoin que la connaissance soit respectée. Dire cela, ce n'est pas être réactionnaire, la gauche en France est dans la tradition des Lumières.

[...] Chacun doit pouvoir donner le meilleur de lui-même, quelle que soit son origine sociale. Ainsi, l'Université contribuera à promouvoir pour le pays non seulement les élites dont il a besoin, mais aussi des citoyens libres qui sont nécessaires à la démocratie.

Il n'y a pas de démocratie sans citoyens éclairés, sinon ce n'est plus une démocratie. Si on considère que l'exigence intellectuelle n'a plus lieu d'être, on ne façonne plus une démocratie. On façonne une médiocratie. Et nous devons avoir le souci d'une vraie démocratie.

## *Service public*

Notre système n'est pas aussi inefficace qu'on le dit. Et même, il est assez efficace quand on le compare à d'autres. Je prendrai un exemple : la filière électronique, que j'avais d'ailleurs lancée quand j'étais ministre de la Recherche et de la Technologie. Un effort avait été fait pour augmenter le nombre d'ingénieurs et le nombre de techniciens formés. Dès cette année, nous devons atteindre les objectifs qui ont été fixés et l'année prochaine nous serons très au-dessus. 5 000 ingénieurs et techniciens de plus auront été formés en l'espace de trois ans. Ainsi, quand l'Éducation nationale reçoit des directives claires, elle est parfaitement capable de répondre à la demande. Et elle ne mérite certainement pas toujours les critiques sous lesquelles on l'accable pour des raisons qui ne sont pas toujours claires, ou plutôt, qui, à mes yeux, sont très claires : c'est la notion même du service public qui est en cause. On peut se demander si nous aurions un enseignement d'égale qualité s'il était voué aux forces du marché. Personnellement, je ne le pense pas. Je crois que nous devons avoir une conception exigeante du service public.

[...] Il est vrai que 50 p. 100 des étudiants qui entraient à l'université abandonnaient dans les deux premières années. C'est cela que la réforme des premiers cycles entend corriger. Il faut substituer, à l'élimination par l'échec, l'orientation par un choix raisonné. L'objectif, c'est donc de vous donner les moyens de vous informer, de vous situer, d'acquérir des méthodes de travail, de vérifier ou de corriger votre niveau de connaissance de base. Il faut proposer à chacun une formation qualifiante et qui permette d'obtenir un emploi à ceux qui quitteront l'université au bout de deux ans. Et pour cela l'université doit s'engager dans la voie de la professionnalisation.

Que faire pour que les choses aillent dans le sens que je viens de dire ? D'abord, nous allons encourager l'initiation aux nouvelles technologies. La modernisation de notre pays est un impératif. Elle passe essentiellement par l'introduction des technologies nouvelles, et en particulier de l'informatique et de l'électronique. Parmi les quatre grandes révolutions scientifiques de notre temps, la révolution des matériaux, la révolution des biotechnologies, c'est à coup sûr la révolution électronique qui va le plus profondément bouleverser les conditions de travail, la vie, l'éducation, les loisirs, dans les dix ou quinze années à venir. Aucun secteur n'y échappera. Il est par conséquent très important de faire pénétrer massivement, comme nous le faisons aussi bien dans les écoles, les collèges, les lycées, que dans l'enseignement supérieur, ces nouvelles technologies.

L'Université doit être présente dans ce grand mouvement. La plupart des universités américaines vont jusqu'à demander aux étudiants d'acquérir un micro-ordinateur personnel. Nous n'en sommes pas encore là. Mais la réforme des premiers cycles constitue indiscutablement un progrès.

Les Français sont connus pour ne pas savoir parler les langues étrangères. C'est un inconvénient pour nos entreprises. Il faut que la connaissance des langues étrangères se répande, et non seulement celle de l'anglais, mais aussi celle de l'espagnol, du portugais, de l'arabe, du russe, de l'allemand. Parlant correctement une ou deux langues étrangères, chaque étudiant aura de meilleures chances de trouver un emploi. Et les entreprises françaises auront plus de chances de réussir vis-à-vis de leurs concurrents étrangers.

Donner des formations courtes mais qualifiantes, c'est l'objet du nouveau diplôme d'études universitaires scientifiques et techniques : le D.E.U.S.T.

[...] J'espère que ce diplôme nous permettra d'éliminer ce taux d'échec phénoménal dans les deux premières années universitaires, qui nous prive d'une partie importante de notre substance intellectuelle. Ces formations correspondent aux besoins de la société, puisque en général ces premiers cycles rénovés ont été bâtis pour répondre à des besoins qui existent nationalement, régionalement ou localement. Familiarisés en quelques semaines avec votre université, mis en état d'évaluer vos aptitudes au contact des disciplines, il vous sera plus facile d'effectuer des choix raisonnés. Pendant ces deux années décisives du premier cycle vous bénéficierez, systématiquement, de l'enseignement des langues vivantes et d'une initiation aux nouvelles technologies et en particulier à l'informatique. Vous serez donc mieux armés pour affronter le deuxième cycle ou la vie professionnelle si vous la choisissez ou si vous poursuivez vos études.

## *La science crée l'industrie*

Le deuxième cycle combine deux éléments essentiels dont on a trop oublié, dans le passé, qu'ils ne pouvaient s'entendre l'un sans l'autre. Il s'agit, pour vous, d'acquérir en deux ans une formation professionnelle indispensable au choix d'un métier, et une formation culturelle générale : et quand je parle de formation culturelle générale, je l'entends, au sens le plus plein, le plus riche du terme.

La culture de l'étudiant, c'est ce qui lui permettra de s'adapter au monde moderne, de diversifier ses choix professionnels, d'accéder utilement à la formation continue et donc de se donner la possibilité, si c'est nécessaire, de changer de métier dans le cours de sa vie. Cela n'est possible que s'il y a une bonne formation de base.

[...] Dans le troisième cycle, il s'agit de donner à l'étudiant le goût et les moyens de la création individuelle ou collective grâce à la formation à la recherche et par la recherche, qui est la formation la plus qualifiante qui soit. En même temps, il faut que le doctorat comporte la création d'une œuvre, c'est une chose qui me paraît importante. Mais il faut que la confection de cette œuvre soit contenue encore une fois dans des délais raisonnables. Voilà donc l'objet de la réforme du troisième cycle. Cet objet, c'est la possibilité de former davantage de jeunes chercheurs de qualité, qui puissent le cas échéant entrer très tôt dans les laboratoires industriels ou publics.

Un mot encore sur la nécessité de tourner l'enseignement supérieur vers le monde moderne. Nous sommes dans une société de savoir : c'est la science qui crée l'industrie ; par conséquent, il faut tourner l'enseignement supérieur vers le monde moderne en le rapprochant du monde du travail et de l'entreprise. L'esprit d'émulation est la règle de la vie courante ; il faut que cette émulation gagne nos universités. Nous devons donner à chaque université les moyens de se développer : elles seront pleinement responsables de leur destin. Il faut que chaque établissement d'enseignement supérieur soit tenu, chaque année, de mener une enquête pour connaître le devenir professionnel des étudiants qu'il a formés, et de publier ce bilan. Chacun pourra ainsi trouver des éléments d'appréciation objectifs. Quant aux universités, elles trouveront dans la comparaison de leurs bilans respectifs un aiguillon qui les poussera, je l'espère, à progresser.

## *Urbaniser les campus*

Les étudiants, les enseignants, les personnels administratifs, ouvriers et techniques passent l'essentiel de leur vie active sur les campus. Il faut que tout le monde puisse travailler dans de bonnes conditions. C'est une revendication des plus légitimes. Depuis une dizaine d'années il y a eu un peu de laisser-aller. Il est temps de moderniser notre enseignement. Nous devons aussi moderniser nos lieux de travail. On ne travaille pas bien dans un mauvais environnement.

De nombreuses universités sont en mauvais état. Personne ne peut admettre que les locaux continuent à se délabrer et à donner une image aussi peu accueillante. Je souhaite donc que l'on s'attache à restaurer notre patrimoine. Dès 1985, plusieurs universités de Paris et de province seront ravalées et restaurées.

En un mot, je crois qu'il importe d'urbaniser nos universités au sens étymologique du terme. Mais je ne voudrais surtout pas que ce vaste effort soit décidé ou entrepris sans que les principaux intéressés, c'est-à-dire vous, soyez totalement associés. Je souhaite qu'une vaste concertation soit engagée dans un esprit de dialogue et d'ouverture. Vous avez votre mot à dire. Je tiens surtout à ce que les associations d'étudiants puissent participer à la prestation des services. Il est indispensable que ces associations contribuent à la gestion des affaires sociales et culturelles. J'ai l'intention d'ailleurs de proposer la création d'un budget social de l'étudiant dans lequel soient détaillées toutes les recettes et toutes les dépenses qui vous concernent. Il faut que nous soyons ouverts et inventifs. La vie change, la vie universitaire doit changer aussi. L'université doit être un lieu de travail. Elle doit être pour vous l'apprentissage de la vie en société, l'école de la vie réelle.

## *Réussite individuelle, réussite collective*

Vous souhaitez réussir, vous avez raison. Il ne faut pas avoir peur de le dire. La réussite n'est pas un mot tabou. Simplement il ne faut pas opposer la réussite individuelle et la réussite collective. Votre réussite individuelle, vous devez l'inscrire dans un dessein plus vaste. Et je ne vous dis pas seulement qu'il faut que vous soyez les meilleurs. C'est le discours du temps. Je vous dis quelque chose de plus exigeant encore. Il faut que vous soyez meilleurs que les meilleurs. Il faut que vous appreniez qu'il ne suffit pas d'être bon professionnellement, techniquement. Et vous n'êtes pas seulement de futurs professionnels. Vous êtes aussi des hommes. Vous devez avoir le souci d'inscrire votre réussite dans une perspective plus vaste qui vous épanouira et qui servira aussi à votre pays. La réussite de la France sera aussi la vôtre dans les vingt ou trente années qui viennent. N'oubliez jamais que l'université, comme son nom l'indique, est le lieu de l'universel. Ne l'oubliez pas, parce que le patriotisme français est aussi un patriotisme de l'universel.

L'université est le lieu de ces exigences de qualité, de travail, d'effort sur lesquelles vous devez vous appuyer pour faire vivre ces valeurs éternelles que sont les valeurs de la raison humaine, le goût de l'objectivité, le goût de savoir, le goût de pousser toujours plus loin l'interrogation, d'être à la pointe de l'esprit critique (qui n'est pas l'esprit de critique). D'immenses difficultés sont bien évidemment devant vous ; il suffit de regarder le monde comme il va.

Je tiens à vous dire que, pour ma part, je compte beaucoup sur l'Université française. Le pays ne signifiera quelque chose que si l'Université est grande. Elle ne peut être grande que si vous êtes exigeants à l'égard de vous-mêmes. Ce faisant, vous porterez haut le drapeau de l'Université, de sa tradition, vous ferez en sorte qu'on ne pourra pas continuer à dire, comme on l'entend trop souvent, qu'elle est archaïque. Ce n'est pas vrai. Rien ne se fait sans l'Université, rien ne se fait sans la formation des hommes et des femmes, rien ne se fait sans l'intelligence. Dans quelque domaine que ce soit, industrie, recherche ou défense, le goulot d'étranglement, c'est toujours la ressource humaine. Et parce que vous êtes à l'université, l'endroit où se façonne en principe la meilleure ressource humaine, vous pouvez être sûrs que, en travaillant, vous construisez non seulement votre avenir mais aussi l'avenir du pays.

# IV

# Public - Privé

La France ne peut aujourd'hui se permettre d'entrer dans les péripéties d'une guerre scolaire. Aussi était-il nécessaire de réaffirmer les principes du service public de l'enseignement, de rappeler que des établissements privés peuvent y concourir et de fixer les règles de ce concours, en tenant compte des conditions nouvelles nées de la décentralisation (voir « Des dispositions simples et pratiques », p. 180).

Le gouvernement s'est donc arrêté à une législation qui maintient l'esprit de la loi du 31 décembre 1959, dite « loi Debré ».

Cet esprit est en effet conforme à la tradition du droit républicain qui, dans notre pays, veut que les contraintes attachées au service public soient équilibrées par les avantages consentis à ceux qui y participent. Cependant, certaines dispositions initiales avaient engendré des situations litigieuses :

quelques aménagements ont donc été apportés aux textes. Ainsi, une commune n'a plus l'obligation d'assumer les frais occasionnés par des élèves extérieurs. De même, la commune devra donner son accord pour les nouveaux contrats qui lui font obligation de financement (voir « Discours devant l'Assemblée sur l'École, l'État et la Décentralisation », p. 218).

Les principes du service public se trouvent par là même adaptés à la décentralisation. Les collectivités territoriales reçoivent, quant à l'enseignement privé et dans les limites nécessaires, des compétences qui viennent compléter les transferts opérés pour l'enseignement public.

Ces mesures « simples et pratiques » tendent toutes vers le même objectif : organiser sur des bases solides, claires et équilibrées les relations entre les établissements d'enseignement privés et le service public d'enseignement pour accélérer les progrès de sa rénovation.

## 1. « Des dispositions simples et pratiques* »

Après que le ministre de l'Éducation nationale a reçu ses interlocuteurs, le gouvernement a mis au point des dispositions simples et pratiques concernant les rapports

* Déclaration, 29 août 1984.

entre l'État, les collectivités territoriales et les établissements d'enseignement privés.

Ces dispositions figureront d'une part, dans la loi de finances, d'autre part, dans la loi complémentaire de décentralisation qui sera déposée au début de la prochaine session parlementaire et enfin dans des décrets. Elles visent deux objectifs :

— Affirmer les principes du service public, garant de l'intérêt général,

— Adapter les rapports entre les établissements d'enseignement privés et les pouvoirs publics aux règles nouvelles nées de la décentralisation.

1° Il convient d'abord d'affirmer les principes du service public de l'enseignement auquel peuvent le cas échéant concourir des établissements privés. Il est normal que les règles budgétaires qui s'appliquent aux établissements d'enseignement publics s'appliquent également aux établissements d'enseignement privés. Les crédits qu'ils reçoivent chaque année seront donc limitatifs.

De même, les créations de classes nouvelles devront être conformes aux prévisions des cartes et schémas de formation, établis dans les départements et les régions.

Par ailleurs, l'abrogation des articles 1 et 4 de la loi du 25 novembre 1977, dite loi Guermeur, permettra de revenir aux règles de la loi du 31 décembre 1959 concernant notamment la procédure de nomination des maîtres de l'enseignement privé par l'autorité académique, après concertation et en accord avec le chef d'établissement.

Enfin, l'État, pour répondre à son devoir constitutionnel, pourra créer là où il n'en existe pas des établissements d'enseignement publics. Il les transférera ensuite aux collectivités locales concernées.

2° Pour adapter les rapports entre les établissements d'enseignement privés et les pouvoirs publics aux règles nouvelles nées de la décentralisation, les dispositions suivantes sont prévues :

*a)* La conclusion de nouveaux contrats d'association nécessitera désormais l'accord des communes concernées, mais la résiliation des contrats d'association ne pourra intervenir que par décision de l'État et seulement si les conditions prévues pour la conclusion des contrats n'étaient plus remplies.

Le système des contrats simples est donc maintenu.

*b)* Les dépenses de fonctionnement matériel des établissements sous contrat d'association seront à la charge des départements et des régions pour les collèges et lycées, mais feront l'objet d'une compensation par l'État. Pour les écoles, ces dépenses resteront à la charge des communes qui pourront s'en acquitter en nature (retour à la loi Debré). La contribution des communes aux dépenses de fonctionnement matériel des établissements situés hors de leur territoire et fréquentés par leurs ressortissants fera l'objet d'accords amiables.

*c)* Pour assurer la concertation entre les élus et les établissements privés d'enseignement, les collectivités contribuant à leur fonctionnement matériel disposeront d'un représentant au sein de l'organe compétent pour voter le budget. En outre, des commissions de concertation seront mises en place. Comportant à la fois des représentants des collectivités territoriales et des établissements privés, elles veilleront notamment sur les conditions d'instruction, de passation et d'exécution des contrats ainsi que sur l'utilisation des fonds publics conformément à leur destination.

Les dispositions ainsi retenues concilient :

1° Le libre choix par les parents de l'éducation qu'ils souhaitent pour leurs enfants ;

2° Le respect des principes du service public ;

3° L'esprit de la décentralisation.

Il convient de regarder vers l'avenir et de s'attaquer à la rénovation du système éducatif dans un esprit positif.

Le gouvernement fait confiance à l'école de la République pour mener à bien cette entreprise.

Il entend lui en donner les moyens.

Le Parlement sera saisi des dispositions à caractère législatif dès le début de la prochaine session.

## 2. Les règles du jeu*

Les principes et règles du concours éventuel des établissements d'enseignement privés au service public ont été affirmés pour la première fois par la loi du 31 décembre 1959. Il s'agit là de principes et de règles s'inscrivant dans la tradition du droit public français dominée par la notion de service public. Ils permettent de concilier aussi bien la liberté des différents partenaires que les nécessaires contrôles exigés par la participation au service public. Ces principes, avant d'être adaptés aux règles de la décentralisation, doivent être réaffirmés dans toutes leurs implications pour tenir compte des dérives qui se sont produites dans la mise en œuvre de la loi du 31 décembre 1959 et des modifications inopportunes qu'ont apportées les interventions ultérieures du législateur.

### *Des principes traditionnels*

L'État dans notre pays reconnaît et encourage de longue date la participation d'organismes privés au service public. Et c'est une jurisprudence déjà ancienne qui fixe les règles et principes de cette contribution. Ceux-ci tiennent en peu de mots : contrôle exercé par la puissance publique qui, en échange, délègue certaines de ses pré-

* Sénat, 16 novembre 1984.

rogatives et éventuellement apporte un soutien financier à l'activité de caractère privé.

Ce sont ces principes traditionnels que le gouvernement vous propose de réaffirmer. Aussi bien, ils correspondent le mieux à l'état actuel des esprits concernant l'institution scolaire dont il convient de rappeler que l'école publique reste et doit rester dans notre pays la pièce maîtresse. M. Michel Debré le rappelait, d'ailleurs, à l'occasion du récent débat autour du projet de loi présenté par mon prédécesseur, M. Savary : « L'école publique, disait-il, est largement dominante et doit le demeurer. » Quant à eux, les établissements d'enseignement privés qui participent au service public de l'enseignement sur une base contractuelle accueillent environ 17 p. 100 des jeunes Français. Les obligations de service public auxquelles ils sont soumis sont le respect des horaires et des programmes de l'enseignement public ainsi que l'accueil sans discrimination de tous les élèves et, enfin, la qualité de l'enseignement dispensé qui repose sur la qualification des maîtres ; ces obligations de service public font l'objet d'un contrôle pédagogique et administratif de l'État. En contrepartie de ce concours au service public, l'État rémunère les maîtres des classes ayant fait l'objet d'un contrat d'association. Il participe au financement des dépenses de fonctionnement des établissements du second degré, les communes contribuant de leur côté au fonctionnement des établissements du premier degré.

Les collectivités publiques assurent ainsi à ces établissements une aide considérable — elle s'élève en 1985 à 19,6 milliards de francs — qui fait du concours apporté par ceux-ci au service public une réalité concrète et non une simple possibilité théorique.

Les collectivités publiques et, notamment, l'État, vont d'ailleurs beaucoup plus loin en matière d'éducation que dans les autres domaines comparables, telle la santé. La loi du 31 décembre 1970, dont l'auteur est également

M. Debré, définit la contribution apportée par des établissements privés au service public hospitalier sans prévoir une rémunération par l'État des praticiens. La loi du 31 décembre 1959 a ainsi un caractère exceptionnel, comme le rappelait M. Marcel Prelot devant votre Assemblée au cours des débats. Les lois de la IIe et de la IIIe République ont interdit la subvention des collectivités publiques aux établissements d'enseignement privés sous réserve de certaines dispositions législatives à caractère dérogatoire. Dans le prolongement de cette tradition, la jurisprudence concordante des tribunaux administratifs et du Conseil d'État a ainsi été amenée à rappeler à plusieurs reprises que la loi du 31 décembre 1959, éclairée par ses travaux préparatoires, a défini limitativement les conditions dans lesquelles des fonds publics pourraient être utilisés au bénéfice des écoles privées. Telle a été aussi la doctrine constante du gouvernement, rappelée par une circulaire du 14 février 1961.

Il en résulte que c'est à la loi de fixer les limites de l'aide financière des collectivités publiques aux établissements d'enseignement privés. Ces limites, on le sait, ont été assouplies avec le temps. Elles ne peuvent évidemment pour autant s'étendre au-delà du raisonnable.

Dans un domaine aussi sensible que l'éducation, le gouvernement a toujours entendu convaincre et non contraindre. C'est pourquoi il vous propose aujourd'hui de maintenir le système contractuel d'association au service public.

## *Garantir les libertés*

[...] La liberté d'enseignement doit, comme les autres libertés publiques, s'exercer conformément à la tradition démocratique. Cette tradition suppose, vous le savez, que le législateur garantisse l'exercice des libertés sous la condition qu'il ne soit pas porté atteinte aux institutions et principes républicains ; si elle n'interdit pas le soutien financier de la puissance publique, elle n'en fait jamais pour celle-ci une obligation.

Cette tradition n'a pas été contredite par le Conseil constitutionnel à l'occasion de la décision qu'il a rendue le 23 novembre 1977.

Le Conseil constitutionnel a considéré que la liberté de l'enseignement était un des principes fondamentaux reconnus par les lois de la République et cela bien que les Constituants de 1946 aient expressément refusé de l'inclure dans le préambule de la Constitution, au nombre des droits essentiels énumérés par ce texte.

Cette décision n'oblige nullement à financer la liberté de l'enseignement. Au contraire, parce qu'elle est reconnue comme une liberté publique importante, la liberté de l'enseignement suppose pour l'essentiel la non-intervention du législateur de façon à ce qu'il soit apporté le moins de restrictions possible à son exercice. Tel est bien l'état de notre droit républicain. Il se borne à exiger des établissements hors contrat le respect de règles minimales telles que l'hygiène ou la capacité d'accueil dans l'intérêt général. Si les établissements sous contrat sont, quant à eux, soumis à des règles plus précises et plus contraignantes c'est en raison de leur concours au service public et non pas dans le cadre d'une réglementation de la liberté.

C'est pourquoi la thèse dont certains se sont fait les porte-parole, selon laquelle l'État serait dans l'obligation de financer cette liberté a, je l'avoue, à mes yeux, quelque chose d'étrange. Le Conseil constitutionnel s'est borné, à l'occasion de l'examen de la loi Guermeur, à dire qu'aucun principe n'interdisait à l'État d'octroyer une aide aux activités privées.

Mais s'il la donne, c'est à l'occasion du concours apporté au service public [...].

Aussi bien si l'État finançait les libertés en tant que telles, ne serait-ce pas la plus sûre manière de les étouffer ? Imagine-t-on que l'exercice de la liberté de la presse ou de la liberté de la création artistique serait mieux garanti si l'État devait prendre en charge la totalité des déficits de tous les journaux et exercer envers tous les créateurs un mécénat généralisé ? [...].

## *Collectivités territoriales et établissements d'enseignement privés*

[...] Je souhaite commenter dans le même esprit les dispositions qui ont pour objet d'adapter les relations de la puissance publique et des établissements d'enseignement privés aux principes de la décentralisation.

Ceux-ci reposent tout d'abord sur un transfert de certaines compétences de l'État vers les collectivités territoriales. Ils supposent en outre que la répartition des compétences se fait par « bloc », de manière que les obligations et responsabilités à la charge de chaque niveau d'administration territoriale soient clairement distribuées.

Le projet de loi étend les responsabilités nouvelles des collectivités territoriales et notamment des communes aux relations avec les établissements d'enseignement privés ; il a le souci de veiller à un équilibre des obligations respectives des différentes collectivités publiques. [...]

Il a — et il ne saurait en aller autrement — une portée plus limitée qu'en matière d'enseignement public. Pour ce dernier, en effet, l'État transfère essentiellement son pouvoir de décider de l'implantation d'établissements ou de classes. Mais l'État ne décide pas de la création d'établissements d'enseignement privés, ni d'ailleurs de l'ouverture ou de la fermeture de leurs classes. Son intervention en la matière a consisté jusqu'ici à conclure avec ces établissements des contrats sanctionnant leur participation au service public. Ce système avait en outre la particularité de créer des obligations de financement à la charge des communes qui n'étaient pas parties au contrat.

On voit ce qu'un transfert pur et simple des droits et obligations de l'État aux collectivités territoriales aurait eu de négatif pour celles-ci comme pour les établissements privés eux-mêmes. D'une logique apparente, puisqu'il eût été parallèle aux transferts intervenus en matière de création d'établissements publics, il eût en fait engendré les pires difficultés. Les collectivités territoriales se seraient retrouvées parties à des contrats à durée indéterminée qu'elles n'avaient pas signés. Il n'était pas imaginable par ailleurs que l'obligation principale faite à la puissance publique — celle de rémunérer les maîtres — soit transférée à d'autres collectivités publiques, alors que tel n'est pas le cas pour l'enseignement public.

Il était donc indispensable de prévoir que les contrats continueraient à être honorés et seraient dans l'avenir conclus par l'État, à charge pour celui-ci d'exercer les contrôles administratif, pédagogique et financier, et de rémunérer les maîtres qu'il nomme.

[...] En dehors du rôle actif dans la définition des conditions du concours apporté au service public, un droit nouveau est reconnu aux collectivités territoriales. Il s'agit de *l'accord obligatoire de la commune*[1] pour la conclusion des nouveaux contrats d'association et de *l'avis préalable* requis des départements et des régions. Cette disposition n'est nouvelle qu'en apparence. Le principe de la consultation des communes préalablement à la conclusion des contrats avait expressément été admis par M. Debré au cours des débats relatifs à la loi de 1959. Cette procédure, rappelée par plusieurs réponses et circulaires ministérielles, a été appliquée jusqu'aux environs de 1977. Sa non-application à compter de cette date — jointe à la disposition de la loi Guermeur relative à la contribution forfaitaire qui a jeté la confusion quant à

1 Cette disposition, adoptée par le Parlement, a été annulée par le Conseil constitutionnel le 18 janvier 1985.

l'obligation de financement — est la cause principale des contentieux qui se sont développés à partir de 1978. La disposition qui vous est proposée donne certes en outre aux communes un droit de veto sur la conclusion de nouveaux contrats mais si tel n'eût pas été le cas elle aurait été en régression sur la pratique qui a longtemps prévalu et qui voulait que l'État n'imposât pas aux communes de financer des écoles privées contre leur volonté.

Pour donner la mesure de cette innovation, il faut d'ailleurs rappeler qu'elle n'affecte pas les milliers de contrats d'association en cours dont la durée est indéterminée.

La seule modification qui sera apportée aux contrats en cours consiste à introduire au conseil d'administration de l'établissement, par un avenant obligatoirement conclu dans les six mois, un *représentant de la collectivité territoriale* qui participe au financement. C'est là le troisième droit donné à celle-ci ; il s'agit, on le voit, d'un droit à l'information qui est naturel puisqu'il doit permettre à la commune, au département ou à la région, de s'assurer de la destination des fonds qu'ils allouent à l'établissement.

Ces droits nouveaux qui n'affectent pas substantiellement les contrats en cours sont la contrepartie nécessaire d'une obligation de financement qui, mieux équilibrée, sera désormais sans aucun doute mieux assurée.

Ces droits nouveaux aboutiront, j'en suis convaincu, *à un dialogue effectif* entre les collectivités publiques et les établissements d'enseignement privés.

# 3. Les moyens de la liberté*

Les dispositions relatives aux rapports entre l'État, les collectivités locales et les établissements d'enseignement privés sous contrat s'inspirent, comme les dispositions relatives à l'enseignement public, de deux idées-forces :

— les principes du service public doivent être réaffirmés ;

— les règles de la décentralisation doivent être transposées aux établissements d'enseignement privés, moyennant les adaptations nécessaires.

S'agissant du service public, la loi fait référence aux établissements d'enseignement privés et non à ce qu'il est convenu d'appeler improprement « l'enseignement privé ».

Si la liberté d'enseignement est reconnue par le Conseil constitutionnel comme un des principes fondamentaux de la République, le devoir constitutionnel de l'État affirmé par le préambule de la Constitution de 1946 est d'organiser un enseignement public ouvert à tous. Il est donc de la responsabilité éminente de l'État de créer les conditions d'existence de l'école de la République et, éventuellement, de reconnaître les concours apportés au service public de l'enseignement par des établissements donnant un genre d'éducation particulier. Cette responsabilité impose à l'État un devoir de vigilance :

— aucune association au service public ne peut porter atteinte aux principes républicains ;

— droit à l'enseignement public et gratuit (non-discrimination selon l'origine sociale) ;

— liberté de concourir au service public de l'enseignement avec acceptation des règles qu'il implique.

Des règles claires définissent en effet le concours

* Assemblée nationale, 8 octobre 1984.

apporté par des établissements privés au service public.

La loi du 31 décembre 1959 implique que l'enseignement doit être donné dans ces établissements conformément aux règles et programmes de l'enseignement public. A ce titre, l'État exerce sur ces établissements un contrôle administratif et pédagogique.

L'application de la loi du 31 décembre 1959 a comporté des déviations, qui ont elles-mêmes conduit à des modifications législatives, notamment par le biais de la loi Guermeur.

Le gouvernement vous propose en conséquence d'abroger certaines des dispositions de cette loi.

La loi de 1959 affirmait que le financement des dépenses de fonctionnement des classes sous contrat d'association se faisait dans les mêmes conditions que pour les classes de l'enseignement public.

Cette disposition était claire. Nous vous proposons d'y revenir. Les collectivités qui ont la charge du fonctionnement des classes de l'enseignement public ont aussi la charge du fonctionnement des classes sous contrat d'association.

[...] En vertu de la loi de décentralisation, toute charge nouvelle résultant d'un transfert de compétence doit être compensée par l'État. Les départements et les régions recevront donc une compensation équivalente à la prise en charge de la part du forfait d'externat qu'ils auront désormais à verser pour les établissements privés comme pour les établissements publics.

Les communes, pour qui cette charge n'est pas nouvelle, doivent s'en acquitter mais ne sont pas liées par une règle forfaitaire. Elles ont la possibilité de verser des prestations en nature pour le fonctionnement des écoles.

Les rapports entre les collectivités locales et les écoles privées différeront cependant du régime prévu par la loi du 22 juillet 1983 concernant les rapports des mêmes collectivités avec les écoles publiques sur deux points.

*Les contrats*

Tout d'abord, tout nouveau contrat d'association requerra l'accord de la commune. A défaut, les contrats simples seront maintenus.

La deuxième différence a trait aux charges des communes périphériques. Aucune obligation n'est faite aux communes dont des résidents fréquentent un établissement privé sous contrat implanté sur une autre commune de participer aux dépenses de fonctionnement de cet établissement.

La densité très variable de l'implantation de ces établissements, et le fait qu'ils ne sont soumis à aucune sectorisation et peuvent donc librement choisir leurs élèves, ne permettent pas de transposer à leur égard l'obligation de financer les frais de fonctionnement afférents aux élèves habitant les communes voisines, qui existe pour les collectivités territoriales en matière d'enseignement public. C'est donc un accord amiable entre les communes et les établissements intéressés qui a été prévu.

Cette dérogation est toutefois sans conséquence préjudiciable pour la commune siège qui participe au fonctionnement des classes sous contrat au prorata de ses élèves inscrits.

Ces dispositions sont de nature à mettre fin à de nombreux contentieux en cours qui sont d'ailleurs d'origine diverse.

Si les communes ne veulent pas financer des classes situées dans une autre commune ou se refusent à verser une contribution forfaitaire et demandent à pouvoir s'acquitter de leur charge par des prestations en nature, elles pourront le faire. Les communes qui ont sur leur territoire des établissements privés déjà sous contrat d'association devront appliquer la loi. En effet, l'obligation de financement se fonde désormais sur un droit plus équitable. Les contrats d'association ne pourront être conclus qu'avec l'accord de la commune siège qui sera signataire du contrat et sera représentée au conseil d'administration de l'établissement.

Dans les contrats d'association en cours et qui demeurent en vigueur, faute de quoi, chacun le comprend, une instabilité permanente s'installerait, les collectivités territoriales ont donc une obligation de financement. Mais en contrepartie, des garanties leur sont apportées. Toute collectivité qui finance le fonctionnement d'un établissement sous contrat aura droit dans les six mois à compter de la promulgation du présent texte à un représentant au conseil d'administration de l'établissement privé.

La formule du contrat simple ne s'appliquant pas aux collèges et aux lycées, c'est seulement un avis des départements et des régions qui est requis. Il sera bien entendu tenu compte de cet avis avant la signature du contrat par le représentant de l'État.

L'abrogation de l'article 1 de la loi Guermeur vise à effacer une disposition contestable et à réaffirmer les prérogatives de la puissance publique.

Le caractère propre de l'établissement trouve sa limite dans la liberté de conscience laissée à chacun. S'agissant des élèves, cette règle n'est que le rappel du principe constitutionnel de la liberté d'accès de tous aux établissements concourant au service public. S'agissant des maîtres, la loi de 1977 avait cru utile d'apporter des précisions sur l'obligation de respecter le caractère propre de l'établissement. L'affirmation du caractère propre de l'établissement existe dans la loi de 1959. Elle entraîne, selon le Conseil constitutionnel, pour le maître, une obligation de réserve qui ne porte pas atteinte à sa liberté de conscience. Mais cette obligation de réserve est générale. Elle n'est pas imposée par le seul « caractère propre ». Elle est aussi bien imposée par la liberté de conscience des élèves et de leur famille. En bref, il s'agit d'un devoir général qui s'impose au maître.

Le retour à une rédaction qui prévoyait que l'enseignement dispensé dans les classes sous contrat l'est « selon les règles et programmes » des classes correspondantes de l'enseignement public a également pour but de mettre fin à une confusion. La loi du 25 novembre 1977 — suivant en cela la loi de 1971 — avait préféré à cette expression celle de « règles générales ». Or ce qui compte ici n'est pas l'épithète mais la réalité des choses : l'obligation faite par la loi de 1959 est celle de se conformer aux horaires de l'enseignement public et au contenu des programmes. Ces règles ne sont pas contestées. Là encore le retour à un texte clair nous paraît préférable.

Enfin, pour la nomination des maîtres, il faut, là aussi, revenir à ce qui avait été initialement prévu.

Il n'est pas admissible que l'autorité académique se borne à entériner purement et simplement les mouvements qui lui sont proposés. Il est en particulier de sa responsabilité de vérifier que les maîtres qui quittent leur poste dans une classe sous contrat se trouvent réemployés dans des conditions normales avant de procéder à la nomination aux postes.

C'est un impératif de bonne gestion. Mais c'est aussi une garantie à laquelle ont droit les maîtres. Indépendamment des autres garanties qu'ils réclament — j'attends sur ce point les propositions des parties intéressées — ils ont droit à une organisation de leur emploi. L'autorité académique y veillera.

## *La loi de 1959 aménagée*

Il ne suffisait pas de revenir au cadre légal offert par la loi de 1959, fût-il clarifié. Il fallait aussi l'adapter à la logique de la décentralisation.

Pour tirer les conséquences de la décentralisation, deux règles sont ajoutées, et une institution créée.

J'ai déjà commenté la première règle. Il s'agit de l'obligation mise à la charge de la collectivité territoriale compétente de financer, dans les conditions que j'ai précisées plus haut, certaines dépenses des classes sous contrat d'association.

Cette obligation a une contrepartie immédiate qui est l'introduction d'un représentant de la collectivité territoriale qui finance, au conseil d'administration de l'établissement sous contrat.

Cette disposition vise à créer les conditions d'une concertation sur place entre des parties qui jusqu'ici trop souvent s'ignoraient. Il est anormal qu'une collectivité verse des prestations élevées — la moyenne nationale en est de 850 F par élève et par an — sans être même informée des conditions d'affectation de ces crédits. Et beaucoup plus simplement, d'ailleurs, est-il normal que les représentants de la collectivité territoriale n'aient même dans bien des cas jamais rencontré le chef de l'établissement auquel ils affectent des fonds ?

Le dialogue institutionnalisé est bien la moindre des règles qui doivent régir les rapports entre la collectivité qui finance et l'établissement bénéficiaire.

L'autre règle nouvelle est l'obligation de compatibilité des classes du second degré faisant l'objet d'une demande de contrat avec les schémas prévisionnels établis dans le cadre régional.

Cette obligation tire la conséquence du transfert des compétences au profit des régions et des départements, en matière de carte scolaire.

Le schéma que les régions établissent et proposent au représentant de l'État tient compte de l'ensemble des besoins, que ceux-ci soient couverts ou susceptibles de l'être par des établissements d'enseignement publics ou des établissements privés sous contrat.

Il convient de vérifier que la formation dispensée dans une classe demandant à bénéficier du régime du contrat est compatible — c'est le mot employé par le projet de loi — avec le schéma de l'ensemble des formations. Cette obligation de compatibilité se borne à soumettre les classes sous contrat aux mêmes règles que les classes de l'enseignement public afin d'éviter au maximum les doubles emplois et les gaspillages.

A cela s'ajoute la création d'une institution. Il sera créé des commissions académiques de concertation où seront représentés en nombre égal les collectivités territoriales, les établissements et l'État. Ces commissions, qui se substitueront aux actuels comités départementaux de conciliation, ont des compétences larges. Elles connaîtront à titre consultatif de toutes questions relatives aux contrats et à la destination des fonds publics. Elles seront obligatoirement consultées avant tout recours contentieux et toute résiliation d'un contrat. Il est permis de penser que leur représentation tripartite jointe à leurs larges compétences seront un facteur de transparence.

Telle est donc la logique des dispositions relatives aux établissements d'enseignement privés. Cette logique est celle de la clarté. Les contrats en cours, qui touchent plus de 12 000 établissements, restent en vigueur. Mais la liberté des communes est entière pour la conclusion de tout nouveau contrat. Enfin toute obligation trouve désormais sa contrepartie.

## 4. S'appuyer sur les principes républicains*

— *Vous venez de régler en quelques jours un problème, celui de l'enseignement privé, qui avait déchaîné les passions depuis dix-huit mois. Comment vous y êtes-vous pris ?*

* *Le Nouvel Observateur*, 7 septembre 1984. Propos recueillis par Franz Olivier Giesbert et Jacques Julliard.

— En travaillant. Et puis, il y a des moments où les problèmes arrivent à maturité. Quand j'ai pris mes fonctions, le projet Savary venait d'être retiré. Néanmoins, le travail effectué par mon prédécesseur s'est révélé fort utile : les mesures simples et pratiques retenues par le gouvernement sont en réalité tous les points positifs figurant dans la loi Savary et qui se trouvaient à ma portée.

— *Pourtant, vous avez renoncé au grand service public unifié de l'Éducation nationale.*

— A mes yeux, il est vain de vouloir mélanger ce qui n'est pas, dans l'état actuel, miscible. La spécificité des établissements privés tient au genre d'éducation, généralement chrétien, auquel ils se réfèrent, et à leur mode d'organisation (choix du directeur, des enseignants et des élèves). Elle est irréductible aux règles de l'école publique. Celle-ci, parce qu'elle s'adresse à tous les enfants de France, donne une éducation laïque et répond à des obligations de service public. Il faut pouvoir affecter des maîtres là où ils sont nécessaires ! Et il faut accueillir dans la même école tous les enfants d'un ressort géographique déterminé !

— *Ne vous sentez-vous pas en contradiction avec vos principes ?*

— Bien au contraire. Plutôt que de vouloir fusionner ce qui ne peut l'être, il m'a paru préférable de m'appuyer sur les principes républicains du service public. J'en ai tiré toutes les conséquences à l'égard d'établissements privés qui, dans la mesure même où ils acceptent de concourir au service public de l'enseignement, doivent accepter de se plier aux mêmes règles que les établissements publics (crédits limitatifs, cartes et schémas de formation communs, etc.).

— *Vous acceptez le dualisme scolaire ?*

— Pas du tout. J'entends au contraire réaffirmer le rôle prééminent de l'école de la République : parce qu'elle brasse tous les enfants sans distinction d'origine sociale et de religion, elle est la matrice principale de l'unité nationale. L'école publique remplit une fonction essentielle : porter toujours plus haut le niveau des connaissances, car il n'y a de démocratie qu'éclairée. Ouvrir à tous et d'abord aux enfants des milieux populaires les chemins du savoir et de la réussite. Enfin, éduquer à la liberté dans le respect de la conscience de chacun. C'est à elle de montrer qu'elle est la meilleure !

— *Cela veut-il dire que le gouvernement socialiste accepte désormais le principe de la concurrence à l'intérieur du système éducatif ?*

— D'une certaine manière, l'école publique doit devenir elle-même son propre recours. Pour mieux lutter contre l'échec scolaire, qui est non seulement une injustice mais aussi un gaspillage. Et aussi, bien entendu, pour continuer à former les meilleurs, car la France doit rester à la tête des grandes nations par la science et par la culture. Si je souhaite une certaine émulation entre les établissements, je ne voudrais pas toutefois qu'une concurrence anarchique en vienne à creuser de telles différences qu'on aurait bientôt affaire — et cela dès le collège — à différents types d'écoles consacrant et renforçant les ségrégations sociales existantes. Dans certains départements, comme la Côte-d'Or, des expériences de « désectorisation » ont été entreprises, semble-t-il avec succès. Je demande le temps de la réflexion : l'école publique, ne l'oublions jamais, a quelque chose à voir avec l'égalité. Mais je suis convaincu qu'il est possible de trouver des solutions imaginatives pour répondre à la diversité des situations et de la demande sociale. Bref, le service public doit s'adapter ! [...]

# 5. « Je suis optimiste mais prudent*... »

— *Quelle attitude aurez-vous à l'égard des communes qui refusent de verser des subventions aux écoles primaires privées, sous contrat d'association ?*

— L'état du droit actuel, tel qu'il résulte notamment de la loi Guermeur, a créé une grande confusion. Les tribunaux administratifs et les chambres régionales des comptes, saisis de ce problème, donnent souvent des réponses contradictoires.

Je pense que lorsque le Conseil d'État tranchera sur les obligations financières des communes, les choses rentreront dans l'ordre. J'ajoute que le dispositif législatif que je vais présenter éclaircira les choses. Je suis persuadé que le nouvel état de droit qu'il créera permettra d'apurer la situation et de repartir du bon pied.

La solution retenue par le gouvernement consiste à se conformer à l'esprit de la décentralisation : les communes seront libres de s'engager à l'avenir dans de nouveaux contrats d'association.

S'étant engagées, elles devront financer les dépenses de fonctionnement des établissements. D'autre part, les communes héritant d'un certain nombre d'obligations contractées par l'État seront tenues de respecter la signature de l'État.

— *L'enseignement privé accepte la formule des crédits limitatifs. Mais les établissements seront-ils consultés pour définir leurs besoins en postes d'enseignants ?*

* *La Croix*, 7 septembre 1984. Extrait des propos recueillis par Noël Copin et Yves de Gentil-Baïchis.

— La fixation, chaque année, du nombre de postes nouveaux pour les écoles publiques comme pour les établissements privés incombe au Parlement. Et celui-ci est souverain.

Les demandes faites par le ministre de l'Éducation nationale tiennent compte des effectifs respectifs et des obligations spécifiques qui incombent à l'école publique du fait d'éléments démographiques, sociaux ou linguistiques.

Je rappelle que les écoles publiques sont tenues d'accueillir tous les enfants dans un ressort géographique déterminé sans distinction d'origine sociale ou de religion. Cela fait peser sur l'école publique des contraintes particulières, notamment dans les banlieues des grandes villes.

Franchement, je souhaiterais que les établissements privés prennent eux aussi leur part de ces charges qui incombent à la collectivité nationale : en effet, même si ce n'est pas toujours le cas, il y a une tendance à ce que les établissements privés soient prioritairement tournés vers les enfants des classes favorisées. Pourquoi certaines corrections ne s'opéreraient-elles pas ? Une fois que la loi de finances aura déterminé les effectifs disponibles, les postes seront répartis entre les différentes académies en fonction des besoins. Naturellement, la concertation sera la règle comme je l'ai déclaré le 29 août.

— *Les établissements privés seront-ils associés à la mise au point de la carte scolaire ?*

— La loi de décentralisation (22 juillet 1983) a institué des schémas prévisionnels et des plans régionaux.

Ces schémas qui apprécient l'ensemble des besoins de formation, pour les établissements aussi bien publics que privés, seront élaborés et adoptés par les élus dans les régions et non plus fixés par l'administration centrale.

Il est souhaitable que les élus s'entourent, au préalable, de tous les conseils nécessaires [...].

— *En définitive, êtes-vous optimiste sur ce dossier de l'enseignement privé ?*

— Je suis optimiste, mais je reste prudent... Il existe en France de grandes et belles traditions : le courant chrétien et le courant rationaliste auquel je me rattache plutôt, bien que je participe des deux, comme presque chaque Français.

Il arrive que ces traditions, qui peuvent être complémentaires et qui, ensemble, font la force morale du pays — car on ne peut séparer le cœur et la raison — entrent en conflit et nourrissent des guerres de religion. C'est regrettable pour la France et c'est regrettable pour la démocratie car ces conflits tendent souvent à obscurcir les grands enjeux de notre temps.

Pour moi, les véritables lignes de clivage ne passent pas entre ceux qui croient au ciel et ceux qui n'y croient pas. J'ajoute d'ailleurs qu'il y a beaucoup de catholiques qui sont attachés à l'école laïque. Les véritables problèmes se situent ailleurs et concernent la justice sociale, l'indépendance nationale, la démocratie, la place de la France dans le monde.

Autant je pense que la rénovation du système éducatif peut nous permettre de relever, dans de meilleures conditions, les défis auxquels nous sommes affrontés, autant la poursuite de la guerre scolaire me paraîtrait être un luxe que nous ne pouvons nous payer.

# V

# Moyens et décentralisation

L'Éducation nationale, c'est le premier budget civil de l'État, et l'un des premiers employeurs du monde, avec :

— près de 180 milliards de francs, auxquels s'ajoutent des dizaines de milliards à la charge des collectivités locales, des entreprises, des familles ;

— 13 880 000 élèves et étudiants ;

— 1 122 000 agents ;

— 78 700 établissements ;

— 71 universités.

Ainsi chaque directeur, recteur, inspecteur d'académie, inspecteur départemental, chef d'établissement, est-il à son niveau chef de grande, moyenne ou petite entreprise.

Ses moyens augmentent. Mais ils vont aussi être en partie décentralisés.

La décentralisation va répartir les responsabilités

entre les partenaires du système éducatif selon le niveau de l'enseignement. L'État, garant du service public d'enseignement, continue d'assumer la responsabilité de la définition des grandes lignes de la politique éducative et celle de la politique des personnels.

S'il est des décisions que seul l'État peut prendre, il en est d'autres qu'il doit laisser à ses échelons déconcentrés ; il y a enfin celles qui ressortissent des compétences que le législateur a entendu donner aux élus des régions, des départements et des communes. L'élaboration de la carte scolaire laisse désormais une très large initiative aux assemblées locales. Par ailleurs, les lycées et collèges seront des établissements publics locaux avec des conseils d'administration au sein desquels la représentation des élus locaux sera renforcée, en 1985-1986.

La décentralisation sera d'autant plus efficace que le rôle de chaque niveau de compétence sera nettement défini. L'éducation reste nationale, conformément à la tradition républicaine, sans toutefois être uniforme puisque les établissements doivent acquérir une réelle autonomie (voir « La décentralisation », p. 213).

Le gouvernement accorde la priorité à l'investissement éducatif pour atteindre ses grands objectifs prioritaires : la rénovation des collèges, la formation des maîtres, la revalorisation de l'enseignement technique, la lutte contre l'échec scolaire. Il s'agit de donner à l'école les moyens de remplir son rôle dans la nation, c'est-à-dire les moyens moraux autant que matériels dont elle a besoin.

# 1. L'investissement éducatif*

[...] Le budget de l'Éducation nationale constitue, et de loin, le premier budget de l'État. Je distinguerai les moyens en personnels des mesures nouvelles en crédits.

## *4 719 emplois nouveaux*

Alors que le projet de loi de finances pour 1985 se traduit pour l'État par 5 454 suppressions d'emplois, le budget de l'Éducation nationale dégage un solde net de créations d'emplois budgétaires de 2 355 emplois. Si l'on ajoute les redistributions et les emplois gagés sur d'autres ressources, les moyens supplémentaires sont de 4 719. Le chiffre comparable était de 4 590 en 1984. Non seulement l'effort ne se relâche pas mais il s'accroît. Ce chiffre est largement justifié par l'évolution du nombre d'élèves attendus à la prochaine rentrée. Cela est conforme aux orientations du IX$^{e}$ Plan, qui prévoit que 16 000 emplois seront affectés à l'Éducation nationale au cours des quatre dernières années du Plan.

En effet, la diminution des effectifs dans le premier degré est plus que compensée par leur augmentation dans le second degré. Ainsi, les effectifs accueillis à la présente rentrée scolaire sont supérieurs à ceux qui l'ont été à la rentrée 1983. Cette tendance se poursuivra. Parmi les actions engagées depuis 1981, celle qui concerne la politique d'accueil des élèves et des étudiants était en effet la plus urgente en raison du retard de la France en matière de scolarisation des jeunes de plus de 15 ans par rapport à tous les grands pays avancés [...].

Ces moyens supplémentaires en personnels dégagés

* Débat sur le projet de loi de finances pour 1985, Assemblée nationale, 12 novembre 1984.

permettront la mise en œuvre des orientations que j'ai annoncées : la poursuite de la rénovation des collèges, 640 emplois ; pour la réforme du premier cycle de l'enseignement supérieur, 410 emplois ; pour le développement de la formation continue des adultes au sein des établissements de l'Éducation nationale, 480 emplois gagés ; pour le maintien ou le retour dans le système éducatif des jeunes insuffisamment formés, 770 emplois gagés.

En ce qui concerne les mesures nouvelles en crédits, trois actions méritent d'être particulièrement soulignées.

D'abord le développement des technologies nouvelles et de l'informatique, pour lequel 335 MF ont été dégagés. A ce titre, sont prévus la rénovation de l'enseignement technologique de base, dans les collèges, la mise en œuvre de la filière électronique, le développement de l'information pédagogique et des techniques audiovisuelles et l'achèvement du plan machine-outil.

Ensuite, l'amélioration de la situation de certaines catégories de personnels : 375 MF sont inscrits pour la revalorisation de la carrière des instituteurs, 40 MF pour la résorption de l'auxiliariat et près de 35 MF pour les personnels de l'enseignement supérieur.

Enfin, la mise en œuvre d'actions pour le maintien ou le retour de 60 000 jeunes dans le système éducatif. Ces actions, qui se situent dans le cadre des initiatives arrêtées par le gouvernement lors du conseil des ministres du 26 septembre 1984, bénéficient d'une dotation de 500 MF. Elles prendront leur plein effet en 1985.

## *... Au service de l'action*

J'en viens maintenant à l'essentiel, c'est-à-dire aux actions pour 1985. J'en distinguerai cinq.

*La rénovation des collèges* (voir pp. 49 et 55). Il s'agit là d'une priorité inscrite dans le IXe Plan. S'y engager était une nécessité, car le collège fondé sur les filières cloisonnées, d'une part, et le collège unique, d'autre part, ont rencontré bien des écueils. C'est ce qu'a décidé mon prédécesseur, dont je fais miens les objectifs généraux. A la rentrée de 1984, 10 p. 100 des collèges sont engagés dans le processus de rénovation, caractérisé par l'introduction d'une pédagogie différenciée, notamment sous la forme de groupes de niveau pour les matières principales : français, mathématiques, langues vivantes [...].

*L'enseignement supérieur et la recherche.* L'enseignement supérieur doit former le plus grand nombre d'étudiants, afin que nous puissions rattraper le retard que nous avons pris en ce domaine par rapport à une dizaine de pays industrialisés. Mais cette ouverture au plus grand nombre ne signifie pas la promotion d'un égalitarisme de façade qui, si nous n'y prenions garde, conduirait, immanquablement, à un nivellement par le bas.

J'attache une première importance à la mise en œuvre de la réforme des premiers cycles qui a pour objet de mettre en place une période d'orientation pour les étudiants, sans préjudice pour le contenu disciplinaire des enseignements dispensés, bien évidemment ; de développer l'enseignement des langues et l'initiation aux nouvelles technologies ; de créer un nouveau diplôme, le D.E.U.S.T., afin que certaines disciplines nouvelles, orientées vers les techniques les plus diverses, puissent être prises en compte dans la formation de base des étudiants.

Quant à la recherche, le gouvernement l'a placée parmi ses priorités. La recherche universitaire, qui me tient autant à cœur que la recherche technologique, sera bien présente au cœur du dispositif. Elle dispose d'un budget important, puisque les autorisations de programme s'élèvent à 1 085 millions de francs pour 1985.

*La redéfinition des emplois et des carrières.* Nous voulons un enseignement supérieur de qualité. Il est donc légitime que nous donnions à ceux qui développent les connaissances et dispensent le savoir, un statut qui soit respecté et des déroulements de carrière équitables. Les mesures intéressant la situation des personnels de l'enseignement supérieur contenues dans ce budget, comme celles prévues par les lois de finances pour 1983 et 1984, visent à régler le contentieux qui s'était accumulé et avait été entretenu depuis une dizaine d'années vis-à-vis des enseignants. 150 emplois de professeurs, 300 emplois de maîtres de conférences sont créés. 850 emplois d'assistants sont transformés en emplois de maîtres de conférences et 500 emplois de maîtres de conférences en emplois de professeurs.

Il s'agit d'une régularisation, et non d'une promotion comme on le dit parfois. Je veillerai à ce que les procédures de nomination soient claires et justes ; la mise en œuvre du nouveau statut des enseignants-chercheurs, mettra un terme à une situation caractérisée par l'enchevêtrement de nombreux corps et grilles de rémunération.

*La formation de base.* Après la rénovation des collèges, la réforme de l'enseignement supérieur, j'évoquerai la *réforme des contenus d'enseignement.*

Elle a été entreprise par mon prédécesseur et doit aboutir à de nouveaux textes applicables dès la rentrée 1985 pour l'école élémentaire et à la rentrée 1986 pour les collèges. Les maîtres doivent mieux connaître l'objectif de ce qu'il faut enseigner à tous les élèves tandis que ces derniers et leurs parents doivent mieux savoir ce que l'on attend d'eux.

Les inspections générales, les directions pédagogiques de mon ministère et les commissions de réflexion mises en place pour la plupart des disciplines ont reçu des directives précises sur les fonctions respectives de chacun, sur les tâches à accomplir et le calendrier à respecter.

Outre les directives qui seront données dans les jours

qui viennent, sur les principes fondamentaux qui doivent présider à la réforme des programmes de l'école élémentaire, et dont j'ai déjà parlé, sera précisé, d'ici à la fin du mois, le niveau des exigences requises à la fin du C.M. 2, en 3e et en terminale. Les objectifs et les contenus seront clairement définis par des textes concis.

Ces objectifs doivent répondre à deux priorités, du cours préparatoire au baccalauréat : maîtrise de l'expression écrite et orale, développement d'une culture scientifique et technique. Dans les deux cas, il s'agit de la formation de base nécessaire à tout homme éclairé, à tout citoyen averti et responsable, mais également à tous ceux qui doivent exercer une profession adaptée au monde moderne.

La cinquième action concerne *l'éducation physique et sportive et les rythmes scolaires.* Pour l'éducation physique et sportive, je compte poursuivre une politique dynamique et ambitieuse, particulièrement nécessaire dans un pays de tradition catholique, insuffisamment soucieux de la valorisation du corps. Reconnue maintenant comme une discipline à part entière, l'éducation physique et sportive doit jouer un rôle important dans la lutte pour la réussite scolaire, notamment par le développement des comportements moteurs et par sa contribution à l'équilibre personnel.

Par ailleurs, j'attache une grande importance à l'ensemble éducation physique-sport scolaire et universitaire. C'est à l'école que les jeunes doivent apprendre à aimer le sport. La pratique sportive à l'école offre des centres d'intérêt originaux, propres à réconcilier avec les autres enseignements des jeunes rencontrant des difficultés : en adhérant aux associations sportives scolaires, les élèves se préparent aux responsabilités individuelles et collectives.

Le développement du sport à l'école prépare également les jeunes à une pratique hors l'école dans les associations et les clubs. Il ne s'agit pas de bouleverser les équilibres actuels ni de modifier le temps de service des instituteurs, ou le temps de présence des élèves. Il s'agit seulement, dans les villes où les installations sportives seront suffisantes, en quantité et en qualité, d'organiser des horaires et des activités tels, que la liaison avec le monde socioculturel et en particulier sportif se noue de la meilleure manière possible.

### *Effets budgétaires de la décentralisation*

Il était nécessaire d'intégrer, à titre complémentaire, à la loi de finances quelques dispositions rendant effective la primauté du service public.

Il est donc prévu que les règles budgétaires qui s'appliquent aux établissements d'enseignement publics sont également applicables aux établissements d'enseignement privés. Cela signifie, en particulier, que les moyens alloués par l'État aux établissements privés pour la rémunération des personnels enseignants seront déterminés par référence aux créations d'emplois dans l'enseignement public et que ces moyens auront un caractère limitatif.

De même, sont déterminés par la loi de finances le montant des dépenses pédagogiques et le forfait d'externat des établissements d'enseignement privés sous contrat d'association.

Enfin l'État, pour répondre à son devoir constitutionnel, pourra créer, là où il n'en existe pas, des établissements d'enseignement publics, qu'il transférera ensuite aux collectivités locales concernées.

J'ajoute que l'ensemble des moyens prévus pour les établissements privés sous contrat sont conformes à la législation actuellement en vigueur et prennent en compte le souci de mettre à égalité les établissements privés sous contrat et les établissements publics.

A cet effet, cinq mesures sont prévues dans le projet de loi de finances pour 1985 : ouverture de 275 nouveaux contrats ; alignement de la situation des personnels des établissements privés sous contrat sur celle des personnels de l'enseignement public ; application aux maîtres contractuels ou agréés concernés du plan d'amélioration de la carrière des instituteurs du public, cette seule mesure devant coûter à l'État 50,5 MF ; majoration des crédits du forfait d'externat au titre de l'actualisation des dépenses de personnels comprises dans le forfait et au titre des effectifs nouveaux accueillis aux rentrées 1983 et 1984 pour un coût de 222,5 MF ; actualisation de la rémunération des personnels enseignants sous contrat pour un coût de 1 169 MF.

Le total des crédits ouverts en 1985 sur les chapitres spécifiques concernant les établissements d'enseignement privés s'élève à 19,12 milliards de francs, soit une progression, à structure constante, de 8,11 p. 100 par rapport à 1984.

L'écart entre les pourcentages de progression des dotations des enseignements public et privé — respectivement 6,7 p. 100 et 8,11 p. 100 — s'explique essentiellement par les modalités différentes utilisées pour actualiser les dépenses de personnel. Vous savez en effet que les réajustements opérés sur le budget des charges communes permettent d'abonder, en cours d'année, les dotations correspondant aux emplois budgétaires de l'enseignement public.

***

L'école mérite notre sollicitude. La faveur budgétaire que le gouvernement vous propose de lui accorder n'est pas de circonstance. Elle ne répond pas seulement aux exigences actuelles de la révolution scientifique et technique et de la compétition économique internationale. Elle s'impose de ce simple constat : l'école est une institution fondatrice de la République. Cela ne doit pas s'entendre seulement en un sens chronologique. La dette de la République envers l'école est constante ; elle ne s'épuisera pas tant que la République vivra.

En effet, la République a besoin, pour vivre, de citoyens libres et responsables. La mission de l'école est de former des hommes, c'est-à-dire en France, disait Jean Jaurès, des citoyens, non seulement par l'éducation civique, qui est pourtant nécessaire et que je me propose d'ailleurs de remettre à l'ordre du jour dans nos établissements scolaires, après qu'elle en a pratiquement disparu depuis les réformes de 1975 et de 1977, mais aussi, plus largement, par les connaissances générales qu'elle transmet, par le savoir et la culture qu'elle apporte aux enfants et aux jeunes qui lui sont confiés, quelle que soit leur origine sociale ou ethnique. S'il est vrai qu'il n'y a pas de citoyen libre et responsable sans une instruction aussi avancée que le permettent à chacun ses capacités personnelles, il est tout aussi indéniable qu'il n'y a pas de République forte et vivante sans citoyens éclairés par les lumières qu'entretient et diffuse l'école.

Je ne crois pas qu'il y ait lieu d'opposer l'instruction et l'éducation. L'une est la base de l'autre car, dans la tradition républicaine, il faut comprendre. Pour apprendre à apprendre, encore faut-il apprendre quelque chose, et la meilleure manière d'apprendre à apprendre, c'est déjà d'apprendre.

Bref, je pense qu'au-delà des faux débats, qui visent à opposer la transmission des connaissances et la pédagogie, il est important aujourd'hui de dégager des synthèses positives.

Voilà pourquoi je suis tant attaché à donner à l'école les moyens de remplir son rôle dans la nation, je veux dire les moyens spirituels et moraux autant que matériels dont elle a besoin.

La qualité de notre enseignement, sa capacité à assurer « la sélection des meilleurs par la promotion de tous », selon la belle formule de Paul Langevin, sont des aliments indispensables à la vie de nos institutions républicaines, tout autant qu'elles servent à renforcer notre potentiel technologique et économique.

Certains d'entre vous croiront peut-être trouver dans ces propos une tonalité ancienne, voire conservatrice. Eh bien, je ne vous le cacherai pas, je suis le conservateur des valeurs de l'école, des valeurs qui ont fait la force de l'école publique : le goût de la connaissance, la curiosité intellectuelle, l'effort et le travail pour apprendre, pour former son jugement et pour cultiver l'esprit critique.

## 2. La décentralisation*

L'entreprise de décentralisation du système éducatif est capitale, car elle doit favoriser la rénovation en profondeur de celui-ci. Une plus grande ouverture des établissements scolaires sur le monde extérieur et une extension de la responsabilité des partenaires du système éducatif, chacun dans son domaine de compétence clairement défini, peuvent contribuer à une meilleure qualité de l'enseignement.

C'est pourquoi, parmi les dossiers importants qui ont retenu mon attention dès mon arrivée à la tête du ministère de l'Éducation nationale, celui de la *décentralisation* figure en bonne place pour préparer le transfert de compétences prévu par la loi du 22 juillet 1983. Une large consultation s'est engagée depuis plusieurs mois. Nous sommes décidés à en tirer les leçons. Deux aspects retiennent l'attention :

— Les rapports entre l'État, les collectivités locales et

* 55e congrès des présidents de conseils généraux, Strasbourg, 18 septembre 1984.

les établissements scolaires, et la cohérence du système éducatif ;

— Le calendrier des transferts.

## *Des partenaires plus responsables*

On a pu dire que la loi instituait, au sein du système éducatif, un régime de compétence partagée. Qu'est-ce à dire ? Il faut là-dessus être clair sans sous-estimer les responsabilités des uns et des autres.

Le service public de l'enseignement est de la responsabilité de l'État conformément non seulement aux souhaits de nos concitoyens, mais aussi à l'intérêt du pays tout entier.

C'est l'exigence de la qualité de l'enseignement sur tout le territoire national qui implique que l'État demeure compétent aussi bien dans la détermination des programmes d'enseignement que dans la définition de la politique des personnels.

C'est de cette manière-là seulement que pourra être assurée la mobilité géographique de nos concitoyens, sans préjudice pour la qualité des études de leurs enfants.

Décentralisation et politique nationale de l'Éducation doivent aller de pair. La décentralisation sera d'autant plus efficace que des objectifs clairs seront fixés au niveau de l'État.

L'éducation doit rester nationale conformément à la tradition républicaine, sans cependant être uniforme. Il faut une bonne adaptation à la diversité des publics scolaires, à l'environnement économique, social et culturel de chaque région : c'est le sens de la décentralisation. C'est pourquoi il est prévu de renforcer les responsabilités des établissements scolaires tant sur le plan pédagogique que matériel. Mais parallèlement, aussi, le rôle des collectivités locales sera accru.

La représentation des élus locaux sera notablement

renforcée au sein des nouveaux conseils d'administration, même si le nombre des établissements par département limite dans les faits le nombre des élus locaux qui peuvent siéger au conseil de chaque établissement. A cet égard, je souscris pleinement à l'idée selon laquelle il serait vain d'opposer deux autonomies : celle de la collectivité locale et celle de l'établissement.

La décentralisation territoriale ne sera réelle que si le collège ou le lycée — établissement public local — dispose d'une responsabilité accrue dans un cadre cohérent.

Par ailleurs, pour répondre aux craintes de votre rapporteur, je peux vous assurer que l'État n'entend pas décider pour les collectivités du bon usage de leurs deniers, de même d'ailleurs que les collectivités n'ont pas à décider pour l'État.

Ces deux principes complémentaires inspirent notamment les dispositions concernant *le rôle de la liste des opérations arrêtée par le représentant de l'État.*

Les régions ou les départements pourront librement décider d'affecter les sommes qu'ils recevront au titre de ces dotations aussi bien à la maintenance, à l'équipement, à la reconstruction qu'à la construction ou à l'extension des bâtiments. Qu'il s'agisse d'établissements neufs ou d'établissements existants, les départements ou les régions seront totalement maîtres de l'emploi de leurs crédits.

Toutefois, pour les opérations impliquant la création de *postes budgétaires* par l'État, c'est-à-dire en cas de construction ou d'extension, les départements ou les régions ne pourront réaliser avec les crédits tirés de la dotation régionale d'équipement scolaire et de la dotation départementale d'équipement des collèges que les opérations figurant sur la liste annuelle arrêtée par le commissaire de la République et pour laquelle l'État s'engagera à pourvoir les postes qu'il juge indispensables au fonctionnement de ces établissements. Il y a là une nécessité de bon sens et je suis convaincu que la règle sera l'accord entre les responsables de l'État et les collectivités concernées [...].

## *Les institutions*

La loi du 22 juillet 1983 crée des conseils départementaux et académiques de l'éducation. Ces conseils doivent permettre aux différentes parties prenantes de travailler ensemble et de traiter en commun des questions d'intérêt général.

Les projets de textes se situent dans un contexte de compétence partagée, même si la volonté gouvernementale de donner un rôle essentiel aux assemblées locales ne peut mettre en cause le principe selon lequel l'État, dans un contexte de déconcentration, reste le responsable du service public de l'enseignement.

Ainsi, dans le domaine de la planification (schéma prévisionnel des formations, liste d'affectations...), les responsabilités des élus sont fondamentales et s'inscrivent dans le cadre des pouvoirs nouveaux qui leur sont reconnus par ailleurs en matière de développement économique. Le pari de la formation est un investissement sûr pour les collectivités locales. Par exemple, les initiatives que vous pourriez prendre en matière d'équipement informatique des établissements ne pourraient que rencontrer mon approbation.

S'agissant des programmes prévisionnels départementaux résultant des schémas de formation, il serait contraire à l'intérêt national que l'État se désintéresse dorénavant de ce secteur clef.

J'ai demandé aux recteurs de faire preuve d'un esprit de coopération sans réserve, mais aussi d'étudier et d'afficher les objectifs qui doivent être ceux de la politique nationale de l'Éducation nationale. Ainsi un effort important sera mené en faveur des enseignements technique et technologique.

Collaboration étroite, ouverture doivent aussi caractériser le fonctionnement des nouveaux établissements publics locaux. Il me paraît normal que les élus jouent un rôle important, tant par leur participation au conseil d'administration que par la définition des règles du contrôle budgétaire qu'ils pourront exercer. Même s'il suscite ici et là des appréhensions, un équilibre a été trouvé. Ainsi, d'une part, des mécanismes de contrôle par les élus sont prévus dans les domaines de compétence incombant à la collectivité locale, et, d'autre part, est réaffirmé le rôle du chef d'établissement.

De plus, le statut de l'établissement public local sera précisé par la loi elle-même.

Je pense donc comme votre rapporteur que la mise en place des différents conseils doit être fixée *à la rentrée scolaire 1985*. Cette mise en place coïncidera avec la mise en œuvre du dispositif d'ouverture du système (activités facultatives et complémentaires, utilisation des locaux...).

En revanche, la réflexion nécessaire à la mise au point des schémas prévisionnels peut commencer dès le début de 1985.

## *Les investissements*

La situation dans ce secteur est plus délicate car tous les problèmes techniques et juridiques ne sont pas réglés. Il convient de préciser un certain nombre de points par la voie législative et notamment de créer une dotation départementale pour les collèges. Les critères de la dotation régionale d'équipements scolaires doivent être affinés.

Le transfert de compétence dans le domaine des investissements se fera *au 1er janvier 1986*. L'année 1985 sera une année de transition, que l'État consacrera principalement à l'achèvement des établissements en cours de construction et à un effort plus important en faveur de la maintenance et de la sécurité à la veille de la mise à disposition des bâtiments scolaires [...].

## 3. L'École, l'État et la décentralisation*

[...] On a pu dire que la loi du 22 juillet 1983[1] instituait au sein du système éducatif un régime de compétences partagées. Là, comme dans d'autres domaines, il faut être clair, et bien situer les responsabilités des uns et des autres.

### *Une politique nationale...*

*Le service public de l'enseignement est la responsabilité de l'État* conformément à la tradition républicaine et à l'intérêt du pays tout entier.

Le rôle de l'école de la République doit être solennellement réaffirmé. Il correspond à l'exigence de l'unité nationale : l'école de la République scolarise 83 p. 100 des enfants. Il correspond ensuite à l'exigence de la démocratie qui est celle de l'égalité devant le service public de l'éducation.

Il correspond enfin à l'exigence de la modernisation : une politique nationale de l'éducation peut seule répondre aux besoins du pays à notre époque et assurer la qualité de l'enseignement.

L'exigence de la qualité de l'enseignement sur l'ensem-

* Examen du projet de loi complémentaire sur la décentralisation, Assemblée nationale, 8 octobre 1984.

1. Loi dite « de décentralisation ».

ble du territoire national implique que l'État demeure compétent aussi bien dans l'établissement des programmes d'enseignement, la détermination des grandes orientations pédagogiques, que dans la définition de la politique de recrutement et de formation de l'ensemble des personnels de l'Éducation nationale. La qualification des maîtres est un élément essentiel de la qualité de l'enseignement.

Aussi bien l'État continue à supporter l'essentiel des dépenses afférentes à l'enseignement : la proportion en est de plus de 80 p. 100. Le maintien du service public peut seul enfin assurer la mobilité géographique de nos concitoyens sans préjudice pour la qualité des études de leurs enfants.

Je suis, pour ma part, convaincu que plus les objectifs fixés au niveau de l'État seront clairs et bien perçus, plus la décentralisation pourra être efficace. Décentralisation et politique nationale doivent aller de pair.

Cependant, le conviction que l'éducation doit rester nationale, conformément à la tradition républicaine, ne signifie pas que tous les établissements scolaires doivent être uniformes. Au contraire, il faut qu'ils s'adaptent à la diversité des publics scolaires, à l'environnement économique, social et culturel de chaque région. C'est cela le sens de la décentralisation : libérer l'initiative des enseignants dans un cadre de qualité et d'objectifs nationaux clairement affichés ; associer à l'effort de l'école tous les partenaires de l'éducation.

## *... et une responsabilité partagée*

J'en viens à la seconde idée-force de mon propos : *la décentralisation ne doit pas aboutir à l'implosion du service public, mais elle définit un cadre nouveau qui doit donner plus de responsabilité aux différents partenaires de l'Éducation nationale,* les enseignants, les personnels mais aussi les élus et les usagers.

L'Éducation nationale est une responsabilité partagée.

Les assemblées locales joueront désormais un rôle essentiel dans l'élaboration des schémas prévisionnels de formation et d'investissements.

Cela est souhaitable pour qu'il soit tenu compte des besoins, des débouchés, des aspirations.

Pour l'enseignement du premier degré, la loi du 22 juillet 1983 confirme qu'il appartient au Conseil municipal de décider de la création et de l'implantation des écoles et des classes élémentaires et maternelles. Cela implique bien entendu un dialogue avec les autorités de l'État qui ont pour rôle et conservent la compétence de pourvoir aux emplois d'instituteurs.

Pour l'enseignement du second degré, la loi du 22 juillet 1983 a également institué un régime de responsabilité partagée entre les collectivités locales et l'État.

C'est le Conseil régional qui élabore avec l'accord des collectivités concernées et compte tenu des orientations fixées par le plan, le schéma prévisionnel des formations. Cette réflexion sur les besoins à moyen terme de scolarisation par niveaux et par filières d'enseignement doit se fonder sur des données démographiques et économiques que seule la région peut établir avec cohérence.

A partir de ce schéma prévisionnel des formations, sera établi le schéma prévisionnel des investissements des établissements qui prévoit l'ensemble des opérations de construction, reconstruction, extension qu'il serait souhaitable de réaliser. Le Conseil général établira le programme d'investissement des collèges et le Conseil régional celui des lycées. Ces schémas seront établis avec l'accord des collectivités intéressées.

Enfin, chaque année la liste des opérations de construction ou d'extension sera dressée par le représentant de l'État après accord des collectivités concernées, pour laquelle l'État s'engagera à pourvoir ces établissements des postes indispensables à leur fonctionnement pédagogique et administratif.

L'élaboration de la carte scolaire laisse une très large initiative aux assemblées locales, même si là encore le dialogue avec la puissance publique reste la règle.

## *L'autonomie des établissements*

Si l'on en vient maintenant aux établissements scolaires eux-mêmes, chacun conviendra que *les lycées et collèges ne peuvent pas être des établissements publics locaux comme les autres.* Ils doivent bien entendu faire l'objet d'un contrôle par l'État qui, je l'ai déjà dit, conserve la responsabilité du service public d'enseignement qu'il finance pour 80 p. 100.

Parallèlement, la collectivité locale de rattachement doit être en mesure de jouer un rôle plus important dans la vie des établissements scolaires dont elle financera le fonctionnement et l'équipement. Aussi, la représentation des élus locaux sera renforcée au sein des nouveaux conseils d'administration, même si le nombre des établissements par département et par région limite nécessairement le nombre des élus locaux qui peuvent siéger au conseil de chaque établissement.

Dans le même temps, les établissements scolaires doivent conserver une autonomie réelle. La représentation des élus, des personnels et des usagers implique un rôle accru pour le chef d'établissement. Il faut libérer l'initiative. Mais pour atteindre le même objectif, il y a des moyens variables. Il serait vain d'opposer deux autonomies : celle de la collectivité locale et celle de l'établissement. A cet égard, je considère que la meilleure formule est de confier la présidence du conseil d'administration au chef d'établissement parce qu'il est le garant de l'unité de l'institution. C'est ce que prévoit l'article 7 du projet de loi qui vous est soumis.

J'ai la conviction que la décentralisation territoriale doit permettre au collège ou au lycée — établissement public local — de disposer d'une responsabilité accrue dans un cadre cohérent. La compétence partagée entre l'État et les collectivités locales doit permettre à l'établissement d'affirmer sa responsabilité mais aussi de mobiliser les enseignants et, avec eux, tous les acteurs de l'Éducation nationale : les collectivités locales qui investiront dans l'éducation, et les usagers (parents, syndicats) dont l'intervention devra respecter la responsabilité des enseignants, dans l'acte éducatif lui-même.

# VI

# Dans une république moderne

MODERNISER la France, c'est fonder une République moderne. Les deux termes sont inséparables, car seuls les principes de la République peuvent aujourd'hui soutenir les valeurs de la modernité.

Or c'est bien à l'école que s'édifie la République de notre temps. En effet, les nouveaux critères de la puissance économique exigent un gigantesque progrès de l'intelligence dans toutes activités productives. On parvient à plus de productivité grâce à plus de technique, et à plus de technique grâce à plus de connaissances.

Cultivant l'esprit, diffusant les sciences, l'école est dans la République l'institution qui prépare les spécialistes et les experts dont la France a besoin.

En ce sens, un effort lui est aujourd'hui demandé, semblable par l'ampleur et la rapidité à celui accompli à la fin du siècle dernier pour unifier le pays, le moderniser et sortir définitivement la nation de l'Ancien Régime (voir « L'essence de la modernisation », p. 235).

Mais l'école ne forme pas que des ingénieurs et des techniciens. Elle forme aussi des hommes et des citoyens. Fondatrice de la République, elle doit restaurer les valeurs de la République, qui sont nécessaires au dessein de la modernisation.

Car il arrive que les principes de la modernité mettent la modernisation en péril ; celle-ci requiert le sens de l'effort et le souci de l'intérêt général ; la modernité, en revanche, par certains de ses aspects, a tendance à exalter l'individualisme, l'égoïsme et les valeurs privées, à réduire l'exercice de la citoyenneté à une simple consommation des services publics et des institutions (voir « Être citoyen », p. 226).

Il revient donc à l'école de préserver et de propager *l'esprit laïque, le sens civique* et *le sentiment national*, qui sont à la base du discours républicain et ont toujours contribué à établir la grandeur de la France.

La *laïcité*, c'est le respect des consciences et l'amour de la raison. Il n'y a pas d'entreprise éducative qui puisse ignorer ces vertus.

*Le sens civique*, c'est le souci du bien public, de l'intérêt général et du destin collectif, indispensable aujourd'hui pour faire face à la crise et endiguer le flot montant des revendications particulières et des corporatismes. Le rôle de l'éducation civique à l'école — inscrite à nouveau aux programmes dès la prochaine rentrée — est précisément d'amener les enfants à connaître le fonctionnement et les lois de la communauté dans laquelle ils vivent, et à laquelle ils sont liés par des droits mais aussi par des devoirs.

Enfin, il est vain de parler sans cesse de compétition mondiale, de lutte impitoyable entre les nations pour l'appropriation des technologies et des marchés, d'effort national indispensable pour conserver à la France son rang international, si l'on ne consent pas à faire appel au sentiment national et à le renforcer. Il faut que les Français acquièrent à l'école, puis gardent la conscience qu'ils partagent non seulement une langue et un territoire mais encore une histoire et un patrimoine culturel ; que la révolution de 1789, Voltaire et Victor Hugo appartiennent à ce patrimoine, mais aussi à celui de l'humanité tout entière. C'est alors qu'ils pourront reconnaître des objectifs communs, percevoir leur rôle dans le monde et se rassembler pour réussir.

# 1. Être citoyen*

## *L'école, fondatrice de la République*

L'école publique est, en France, traditionnellement associée à la République. Il ne faut pas voir là une particularité nationale. Ou plutôt, ce fait est devenu, avec le temps, *le caractère propre de notre histoire républicaine.* Mais il découle d'un principe qui est le principe de tout gouvernement républicain.

Nul mieux que Montesquieu n'a établi plus clairement le lien essentiel qui unit la République à l'école.

« *C'est dans le gouvernement républicain,* écrit-il, *que l'on a besoin de toute la puissance de l'éducation. La crainte des gouvernements despotiques naît d'elle-même parmi les menaces et les châtiments ; l'honneur des monarchies est favorisé par les passions, et les favorise à son tour : mais la vertu politique est un renoncement à soi-même, qui est toujours une chose très pénible.*

« *On peut définir cette vertu, l'amour des lois et de la patrie. Cet amour, demandant une préférence continuelle de l'intérêt public au sien propre, donne toutes les vertus particulières.*

« *Cet amour est singulièrement affecté aux démocraties. Dans elles seules, le gouvernement est confié à chaque citoyen. Or le gouvernement est comme toutes les choses au monde : pour le conserver, il faut l'aimer.*

« *On n'a jamais ouï dire que les rois n'aimassent pas la monarchie, et que les despotes haïssent le despotisme.*

« *Tout dépend donc d'établir dans la république cet amour : et c'est à l'inspirer que l'éducation doit être attentive*[1]. »

C'est à partir de ce principe que les premiers républicains s'efforcèrent, sitôt qu'ils eurent fondé le nouveau

* Colloque « Être citoyen », Paris, 22 novembre 1984.

1. Montesquieu, *De l'Esprit des lois,* l. IV, ch. V.

régime, d'entreprendre une grande œuvre scolaire. Mais il revient à ceux qui établirent solidement et durablement la République en France, de reprendre à la base, c'est-à-dire en partant de l'école primaire, ce que leurs prédécesseurs avaient seulement esquissé.

*L'école républicaine, parce qu'elle a pour but la connaissance, forme des citoyens éclairés* sans lesquels il ne peut y avoir de République. La connaissance est mère de liberté. *Parce que l'école instruit, elle éduque à la liberté.* En ce sens la *laïcité* de l'école fait corps avec une conception de la République exigeante.

Parce que l'école n'instruit que de ce qui est connaissable, dans le respect des consciences, elle fonde à la fois la tolérance et la démocratie qui n'est concevable qu'entre citoyens conscients et responsables.

Quant à l'éducation morale et civique que les républicains placèrent en tête des programmes de l'école élémentaire par la loi de 1882, Jules Ferry, président du Conseil et ministre de l'Instruction publique, y consacra une admirable et fameuse lettre aux instituteurs où il écrivit : « *Le législateur n'hésite pas à inscrire au nombre des vérités premières que nul ne peut ignorer... les notions du devoir et du droit.* »

Il s'agit, dans cette perspective, d'affirmer dans les esprits *la supériorité morale de l'État républicain, premier garant des libertés* et, tout en prenant garde que la République s'arrête au seuil des consciences, de faire connaître ce qui unit tous les Français, ce qui leur est commun, autrement dit, d'éveiller en eux *le sens de l'intérêt général,* qui est l'âme du patriotisme républicain. Aujourd'hui comme hier, l'éducation civique est une œuvre de rassemblement.

## *Actualité de l'éducation civique*

L'éducation civique est un devoir de la République parce que la République a besoin de citoyens.

A cette raison de principe, d'autres raisons s'ajoutent, qui rendent aujourd'hui ce devoir plus impérieux encore.

Alors que la France est aux prises avec une véritable guerre économique, culturelle et technologique dans laquelle son indépendance risque de sombrer, jamais il n'aura été plus difficile de défendre *l'intérêt général du pays* dont il semble que, pour beaucoup de nos concitoyens, le souci passe après tous les autres.

Certes, l'opposition des classes sociales, des idéologies, des régions ou des ethnies, bref de tous les intérêts particuliers, n'est pas nouvelle. Mais à certains égards, elle est exacerbée. La perspective d'une *société duale*, que d'aucuns dénoncent et que d'autres nous présentent comme un avenir inéluctable, est un dangereux symptôme. La vivacité de certaines revendications n'est pas moins inquiétante. La montée des corporatismes, qui se fraient un chemin dans nos institutions, trouble la perception de l'intérêt général. Et que dire de la défense *des privilèges* qui, au nom de la liberté, a pris plusieurs fois une allure indécente, ces dernières années ?

A cela s'ajoute *une exaltation effrénée de l'individualisme* où se perd tout sens des valeurs collectives. Quelque légitime que soit l'attachement de chacun à son épanouissement personnel, on voit bien le danger qu'il devienne exclusif. La collection des destins individuels ne suffit pas à faire le destin d'une nation, et il n'est malheureusement pas certain que le succès des uns assure le succès des autres. La décomposition du lien social devrait devenir une préoccupation collective. *La crise n'est pas seulement économique. Elle est tout autant sociale et culturelle.*

Nous devons affronter une sévère *compétition internationale.* Il est heureux que nous ayons pu éloigner durablement la menace d'un conflit armé pour notre pays. Les plus âgés d'entre nous savent le prix de la paix. Cela ne doit pas nous faire oublier que nous sommes engagés, en Europe, dans une guerre technologique et économique planétaire. Dans ce qu'on appelle la crise, qui, à travers une formidable mutation technologique, économique, sociale et culturelle, se traduit par une nouvelle hiérarchie des productions, des savoirs et des puissances, nous savons bien qu'il y aura des gagnants et des perdants. Et dès lors la question se pose à nous : « Voulons-nous être du côté des gagnants ou du côté des perdants ? »

Nous savons que pour affronter cette compétition dans de bonnes conditions, nous devons réaliser *un effort sans précédent de formation et de recherche*. Le gouvernement a pris d'importantes mesures pour relancer notre effort *scientifique et technologique*. Et s'il reste encore beaucoup à faire pour garder à l'avenir notre rang de grande puissance scientifique et technologique, *le bon tournant a été pris*. Le déclin sensible au cours des années 1970 a été enrayé.

Quant à la formation, je m'y emploie de mon mieux. Je m'applique à ce que chaque Français se voie offrir une solide formation de base et une formation professionnelle de haut niveau. Notre objectif, notre impératif catégorique, c'est le relèvement général du niveau des qualifications de tous les Français.

Mais pour être du côté des gagnants, nous ne pouvons nous contenter de former de bons ouvriers et de bons ingénieurs. Nous devons aussi former de bons citoyens.

Les travailleurs de notre pays, quel que soit le niveau de leur qualification et de leur responsabilité, doivent savoir pour quoi ils travaillent et que leur seule réussite personnelle ne peut être le terme de leur ambition, car dans les difficultés où nous nous trouvons, il n'y a pas de réussite certaine en dehors de la *réussite collective du pays*. Pour parler simplement, nous nous en sortirons tous ensemble ou ne nous en sortirons pas. Le goût de la réussite existe chez les jeunes. Je m'en réjouis assez pour leur dire : « Soyez meilleurs que les meilleurs ! Pensez que votre réussite personnelle doit servir une grande réussite collective : la cause de la France c'est aussi la vôtre. »

Les circonstances présentes requièrent d'autant plus le sentiment renforcé de notre identité nationale que d'autres, précisément nos principaux concurrents — les États-Unis, le Japon — ne le négligent pas. On peut toujours rêver à d'agréables chimères. Mais soyons réalistes ! Nous sommes sur terre et non dans la Lune. Et sur terre, en 1984, derrière la concurrence commerciale, il y a la concurrence exacerbée des nations. Dans cette compétition, le sentiment national joue puissamment. Parce que le patriotisme français tend naturellement à l'universel — car il fait corps avec les valeurs de la République — il est plus difficile à mobiliser mais il mérite d'autant plus de l'être.

Enfin, il y a une troisième raison à l'actualité de l'éducation civique, qui tient au contenu de notre enseignement.

Cet enseignement fait une place de plus en plus grande à *une culture purement scientifique et technique.* L'idée républicaine en France est nourrie de culture classique. On ne conçoit pas sa genèse ni sa réalisation dans notre histoire sans référence à la démocratie athénienne et à la république romaine. Il faut savoir que lorsque nous faisons disparaître *les humanités* de notre enseignement — même quand cela n'est pas évitable — *nous coupons la République de ses racines culturelles.*

Cela est d'ailleurs si vrai que les promoteurs de l'éducation civique l'avaient réservée aux enseignements primaire et primaire supérieur. Ils jugeaient que la culture classique diffusée dans les lycées armait suffisamment les esprits pour connaître et juger les données de la vie civique et politique.

*Telle n'est pas la vertu cardinale de la culture scientifique et technique, qui en a d'autres.*

Il importe donc que l'éducation civique *remédie à cette carence.*

*Ce que sera l'éducation civique*

... Si l'éducation civique figure encore formellement dans les programmes officiels de l'école élémentaire, elle ne fait bien souvent l'objet d'aucun enseignement. Il n'est pas rare qu'un enfant entre au collège sans connaître ni la Déclaration des droits de l'homme et du citoyen, ni l'hymne national.

*Au collège, depuis la réforme de 1975 et les instructions de 1977*, l'éducation civique est *diluée dans les sciences sociales.* A force d'extension, elle a perdu toute spécificité. Elle ne fait plus l'objet d'un programme ni d'un enseignement spécifiques.

Il y a à cela des raisons profondes : crise sociale, crise idéologique, contestation irrationnelle des valeurs collectives, rejet de l'État républicain, désaffection vis-à-vis de la nation, célébration des particularismes, tout cela, qui vient de loin dans notre histoire — il faudrait sans doute remonter à l'effondrement de la République en 1940 et à Vichy — s'est épanoui tout au long des années 70, façonnant une véritable « idéologie de crise ».

Ainsi s'explique que l'éducation civique ait été transformée jusqu'à disparaître, en une sorte d'initiation à quelques thèmes utilitaristes, légitimes, mais insuffisants, où s'imposent le consommateur et le producteur, « bénéficiaires de services publics ».

Le citoyen n'a pas sa place ici.

[...] On le voit, *la crise du sens civique* a trouvé sa traduction dans l'école : cela a abouti au milieu des années 70 à la disparition de fait de l'éducation civique.

Son rétablissement doit s'opérer sur des bases nouvelles. La France est certes comparable à d'autres pays développés. Comme d'autres, elle a été modelée par le christianisme, la Renaissance et les Lumières. Comme d'autres, elle est une démocratie pluraliste, dotée d'un régime représentatif. Comme d'autres, elle est un État de droit. Mais plus que d'autres, son histoire l'a conduite à organiser juridiquement et logiquement ses institutions politiques et civiles.

Parce que nous sommes le pays des droits de l'homme et du citoyen, l'éducation civique ne saurait se passer de la pensée juridique. La loi est le fondement de la liberté. Il s'agit donc d'abord de former le citoyen en lui apprenant *les fondements du droit.*

Au demeurant, on ne peut tout demander à l'éducation civique. Il faut choisir, et choisir l'essentiel.

Dans ces conditions, *le contenu de l'éducation civique* devrait, à mon sens, comprendre quatre domaines fondamentaux :

— Le domaine de *la vie sociale et civile*, qui correspond, sommairement, à celui du droit privé. Il implique d'abord, à un niveau élémentaire, l'apprentissage des règles fondamentales de la sociabilité ; mais aussi les notions de loi, de contrat, de personne, de propriété — à ma connaissance aucun parti politique ne prône l'auto-appropriation des biens — jusqu'à une initiation aux règles et aux institutions du droit privé français.

— Le domaine de *la vie politique et administrative* : les institutions, la Constitution, l'appareil de l'État, les collectivités décentralisées, l'organisation administrative, les questions fiscales et militaires, la police, bref, le domaine du droit public.

— La place de *la France dans le monde* ou encore les rapports entre la nation et l'humanité : ici trouveront leur place l'exposé des déclarations des droits de l'homme et du citoyen, l'apprentissage de la diversité des nations et des civilisations, l'analyse des relations et des institutions internationales et une introduction aux grands problèmes démographiques, économiques et financiers du monde.

— Enfin, le domaine de *la science politique* : sociologie politique et électorale, analyse des forces politiques et sociales (les associations, les mutuelles, les syndicats et les organisations professionnelles), étude des phénomènes d'opinion (sondages, moyens de communication de masse).

Cette esquisse de programme qui n'est, à l'instant, qu'une suggestion, s'appliquerait aisément aux quatre années de l'enseignement des collèges. Les questions ainsi évoquées pourraient être approfondies au lycée et devraient, à l'école élémentaire, faire l'objet d'une première présentation, sélective, illustrée, aussi vivante que possible.

## *Faire des électeurs, pas des élections*

Pour assurer le rétablissement de l'éducation civique dans nos établissements scolaires, j'ai pris ou je prendrai très prochainement les *dispositions pratiques* suivantes.

A. — Tous les enseignements contribuent à la formation du citoyen. Tous contribuent à l'apprentissage de l'esprit critique, de la liberté, de la responsabilité et du respect des autres. Mais il est nécessaire que l'éducation civique ait ses programmes propres et ses horaires réservés. [...]

B. — L'éducation civique sera assurée par les instituteurs à l'école élémentaire ; par les *professeurs d'histoire et de géographie* et les *professeurs de français* qui sont motivés pour cela, dans les collèges et dans les lycées d'enseignement professionnel. La *formation des maîtres* nécessaire à l'accomplissement de leur nouvelle tâche sera annexée au plan de formation des instituteurs et des professeurs d'histoire et de géographie actuellement mis en œuvre en accompagnement des nouveaux programmes d'histoire et de géographie.

C. — *A l'école élémentaire*, l'éducation civique sera dispensée à raison d'une heure hebdomadaire, dès la rentrée de 1985.

D. — *Au collège,* l'éducation civique disposera également d'une heure hebdomadaire, à la faveur de la modernisation des contenus de l'enseignement, sans empiéter sur l'enseignement de l'histoire.

L'éducation civique sera progressivement *introduite en classe de 6*ᵉ, à la rentrée de 1986, et en 5ᵉ, à la rentrée de 1987 ; en 1988 et 1989 elle gagnera simultanément les 4ᵉˢ de collèges, les classes de C.A.P. et les 4ᵉˢ préparatoires de L.E.P., puis les 3ᵉˢ des collèges et classes correspondantes des L.E.P.

E. — *Au lycée* enfin, et dans les lycées techniques notamment, les programmes sont trop chargés pour envisager d'y ajouter une heure supplémentaire pour l'éducation civique. En revanche, des instructions seront données aux professeurs de français et de philosophie pour assurer *l'étude de quelques textes* et questions essentiels à la formation de l'esprit civique.

Les enseignants, une fois de plus, vont être mis à contribution. Nous pouvons compter sur eux : ils comprendront l'importance de ce qui est ici en jeu. Leur tâche ne sera pas seulement difficile — elle l'est également dans d'autres matières. Elle sera particulièrement *délicate*. Le risque existe, et quelquefois la tentation, de passer, sans y prêter garde, de l'éducation civique au militantisme politique et, pire, à l'endoctrinement, et cela avec les meilleures intentions du monde. Je suis sûr qu'ils sauront y résister et borner leur action éducative au seuil des consciences. Je signerai personnellement leurs instructions pédagogiques pour suivre les programmes de l'éducation civique en me rappelant le mot de Jean Macé : « L'instituteur ne fait pas des élections, il fait des électeurs. » Et je rappellerai à tous les maîtres celui de mon illustre prédécesseur : « Vous ne toucherez jamais avec trop de scrupules à cette chose délicate et sacrée qu'est la conscience d'un enfant. »

# 2. L'essence de la modernisation*

[...] Le premier ministre, vous le savez, a placé l'action du gouvernement sous le signe de la modernisation.

Pourquoi ?

Je devrais plutôt dire : pourquoi aujourd'hui ? Car, bien évidemment, il est toujours bon qu'une nation vive avec son temps. Mais, aujourd'hui, c'est une nécessité. La modernisation de notre pays est un impératif très actuel.

La France, en effet, comme toutes les nations qui comptent dans notre monde, se trouve confrontée au mouvement accéléré des technologies. Et cette véritable révolution technologique au centre de laquelle se trouve l'électronique, ne touche pas seulement la production industrielle ; elle s'étend à toutes les activités économiques et appelle, pour être bien maîtrisée, d'importantes évolutions de l'organisation du travail et des relations sociales, dans les bureaux comme dans les usines.

La France n'est pas seule dans cette affaire : elle est en compétition avec les principales puissances économiques, scientifiques et techniques en Europe et dans le monde. Si nous n'étions pas capables de nous adapter, d'accueillir et de générer l'innovation pour nous maintenir dans le peloton de tête de cette compétition, c'en serait bientôt fini de notre indépendance et de notre liberté. La modernisation, vous le voyez, s'impose à nous.

Mais quelle est, au fond, l'essence de la modernisation ? En quoi consiste-t-elle ?

Il ne s'agit de rien de moins que d'un gigantesque bond en avant de l'intelligence dans toutes les activités productives de biens matériels ou de services. Qu'il s'agisse de

* Cercle républicain, Paris, 23 octobre 1984.

produire de l'énergie, de fabriquer des automobiles ou d'assurer un service bancaire, le processus est, au fond, le même : un accroissement spectaculaire de la productivité — avec une qualité accrue et un temps de travail réduit — par l'introduction de technologies nouvelles. Et la caractéristique commune de ces technologies, c'est qu'elles intègrent plus de matière grise en même temps qu'elles exigent plus de connaissances de la part de ceux qui les utilisent. Dans un atelier automatisé de constructions mécaniques ou de productions techniques, non seulement il n'y a plus de place pour des ouvriers analphabètes, mais il n'est pas rare qu'on demande à des agents de production de posséder un brevet de technicien supérieur.

## *Former, apprendre, enseigner*

Vous voyez, dans ces conditions, que la modernisation requiert un immense effort de formation de tous les Français, une élévation générale du niveau de leur qualification. Et si je fais souvent référence à la III^e^ République et à Jules Ferry ce n'est pas seulement par attachement à une très belle période de notre histoire, mais c'est parce que je suis convaincu que le progrès que nous devons accomplir dans l'instruction publique ne peut guère se comparer, par l'ampleur et la rapidité, qu'avec celui qui a été accompli à la fin du siècle dernier, grâce à l'obligation et à la gratuité scolaires.

Tel est donc le premier objectif de mon action, au ministère de l'Éducation nationale : élever le niveau des qualifications de tous les jeunes Français et contribuer à la formation permanente des adultes.

Cela passe d'abord par une solide formation générale, à l'école et au collège, sans laquelle il n'y a pas de formation professionnelle qui vaille. On le constate tous les jours : le défaut de cette formation générale est le premier obstacle à la modernisation de nos entreprises et aux reconversions industrielles.

[...] Mais il faut en même temps développer et moderniser notre enseignement technique. Nous butons là sur un handicap culturel : le mépris dans lequel est encore trop souvent tenu l'enseignement technique et professionnel, qui a pour conséquence le fait que la fréquentation des lycées d'enseignement professionnel n'est pas dictée par la vocation des jeunes pour un métier mais par le rejet de l'enseignement général. C'est pourquoi le gouvernement a décidé d'introduire progressivement dans tous les collèges un enseignement technologique afin que la technologie fasse partie de la culture de tous.

[...] La contribution de l'Éducation nationale à la modernisation de notre pays ne saurait se résumer à la promotion de l'enseignement technique et technologique.

Si nous voulons mettre de notre côté toutes les chances de succès dans la compétition internationale, nous devons aussi faire en sorte que les jeunes d'aujourd'hui soient, demain, des citoyens conscients, attachés à la valeur de notre héritage culturel. Rien ne serait plus dangereux que de s'engager dans la voie d'une civilisation exclusivement scientifique et technique. Car alors nous perdrions notre identité nationale et européenne quand d'autres — les États-Unis, le Japon ou l'U.R.S.S., pour s'en tenir aux pays les plus développés — s'appuient non seulement sur leurs capacités technologiques mais aussi sur un puissant sentiment national pour mobiliser leurs peuples dans la compétition internationale, laquelle n'est pas seulement une compétition économique. Si nous ne préservions pas nos traditions, nos valeurs culturelles, si nous ne nous attachions pas à les transmettre aux jeunes générations, à les leur faire connaître et aimer, nous ne tarderions pas à être soumis à la domination d'autres puissances.

Tel est le sens du rétablissement de l'enseignement de l'histoire et de la géographie à l'école élémentaire, voulu par le président de la République et réalisé par mon prédécesseur. Je prolongerai ce rétablissement dans les collèges.

Dans le même esprit, j'ai l'intention de réviser les programmes scolaires du français : la maîtrise de notre langue ne doit pas seulement être considérée comme la maîtrise d'un remarquable instrument d'expression et de communication. A travers les grands auteurs qui l'ont illustrée de la meilleure façon, la langue française est aussi le véhicule d'une tradition intellectuelle qui est une part irremplaçable de notre patrimoine. Que seraient nos concitoyens de demain si l'enseignement du français ne les avait pas introduits dans la familiarité de Descartes, de Voltaire et de Victor Hugo ?

Au-delà de la langue française, je suis convaincu que notre enseignement ferait fausse route s'il privilégiait à l'excès les mathématiques et les sciences de la nature comme l'instrument exclusif de la formation intellectuelle et de la sélection des meilleurs. Il ne s'agit pas de revenir à une situation antérieure où les humanités tenaient ce rôle. Mais il serait juste de rééquilibrer notre enseignement pour que les humanités y retrouvent une place.

Enfin, comme l'a souhaité le premier ministre, je rétablirai l'éducation civique dans les écoles et les collèges dès la rentrée 1985. Nos enfants doivent apprendre ce qu'est la République et quel est l'esprit de nos lois. Il ne s'agit pas ici de l'attachement au passé, si glorieux soit-il, mais de bâtir le plus sûr rempart qui soit pour défendre la République et la démocratie. Sans une solide éducation civique de tous, rien ne sera solide dans notre République.

En exprimant cette conviction, j'ai le sentiment d'œuvrer pour l'affermissement d'une République moderne. L'éducation civique des jeunes Français est, dans mon esprit, indissociable de la modernisation de leur formation, indissociable de son adaptation aux exigences scientifiques et techniques du monde contemporain.

Permettez-moi de terminer mon propos sur une évocation.

L'un d'entre vous a eu l'excellente idée de republier, avec quelques commentaires tout à fait autorisés, la très belle lettre que Jules Ferry écrivit aux instituteurs en 1883 sur l'instruction morale et civique. Jules Ferry cumulait alors les fonctions de président du Conseil et de ministre de l'Instruction publique. Je ne suis pas peu fier que le gouvernement de la gauche s'apprête, cent ans plus tard, à s'acquitter de la même tâche, par la volonté de son premier ministre et par la voix de son ministre de l'Éducation nationale.

Nous ne le ferons pas dans les mêmes termes. Mais l'objectif — « préparer à notre pays une génération de bons citoyens » — n'a pas changé. Et dans notre société, menacée d'éclatement, où la solidarité nationale ne s'impose pas avec l'évidence nécessaire, les mots que Jules Ferry choisit pour décrire le rôle de l'instituteur sont tout à fait actuels. « Il y a dans chaque instituteur, dans chaque institutrice, un auxiliaire naturel du progrès moral et social, une personne dont l'influence ne peut manquer, en quelque sorte, d'élever autour d'elle le niveau des mœurs. »

[...] Voilà ma conception d'une Éducation nationale qui concoure à la modernisation du pays en formant non seulement des travailleurs qualifiés, mais aussi des hommes et des citoyens.

# 3. Mendès France et la République*

[...]

## *Une certaine idée de la République*

Rien ne caractérise mieux la pensée et l'action de Pierre Mendès France qu'un sens aigu de l'intérêt national, du bien public et de l'État, qui sont, dans la République française, une seule et même chose.

Introduisant, en 1976, un recueil d'articles et de discours consacrés à quelques hommes qui ont marqué son itinéraire intellectuel et politique, il écrit : « Si, aujourd'hui, le combat socialiste est le devoir des hommes de progrès, le combat républicain n'a pas perdu son actualité[1]. »

C'est que la République n'est pas seulement un système de gouvernement, mais aussi un ensemble de valeurs qui s'imposent aux citoyens.

Montesquieu a fort bien vu et montré que le ressort de la République est la vertu, qu'il définit comme l'amour des lois. Les fondateurs de la République en France n'ont pas hésité à emprunter cette idée juste à « l'aristocrate » Montesquieu. « Pour fonder la République, il faut la faire aimer. » Mendès France cite ici Saint-Just.

Mais, aussi solidement qu'elle soit fondée, la République n'est jamais définitivement établie. Pour se perpétuer, pour vivre et s'épanouir, elle a toujours besoin de citoyens, qui lui soient indéfectiblement attachés et d'hommes politiques qui la servent, sans jamais rien mettre au-dessus d'elle, c'est-à-dire sans rien considérer de plus haut que la chose publique. Voilà pourquoi l'évocation de la tradition républicaine n'est jamais un retour en

* Colloque sur Pierre Mendès France, Paris, 13 décembre 1984.
1. *La vérité guidait leurs pas*, p. 14.

arrière, mais une nécessité toujours contemporaine de la République.

Pierre Mendès France ne s'y trompe pas et puise aux bonnes sources : Jules Ferry singulièrement, en qui il désigne l'homme d'État par excellence ; celui qui, prenant un engagement public dans l'opposition — consacrer tout ce qu'il avait de puissance morale et physique au problème de l'éducation du peuple — tient sa promesse douze ans plus tard, quand il est au pouvoir ; celui pour qui le service de l'État ne se borne pas à la gestion quotidienne, à l'action administrative de quelques professionnels compétents, mais s'attache à l'édification d'institutions durables ; celui qui avait une conception assez haute de ses devoirs pour mettre toute la patience et l'obstination nécessaires à son accomplissement ; celui enfin dont l'œuvre est assez ample, ambitieuse et juste pour laisser sa trace et susciter des prolongements à travers les générations.

Cette leçon de vertu républicaine, inspirée par l'un des pères fondateurs de la République, Pierre Mendès France l'applique justement à tous les citoyens. Le courage civique ne doit pas être l'apanage des seuls hommes d'État. Le sens de ce qu'est l'État doit être partagé par tous. Sans quoi surgit un double déséquilibre :

— Déséquilibre entre les intérêts particuliers et l'intérêt général. L'intérêt particulier, dès lors qu'il est celui de quelques-uns, trouve toujours des défenseurs tandis que « le bien général, plus diffus, a infiniment moins d'avocats et de moins passionnés ». Alors chaque groupe, chaque corporation arrache à la nation des bénéfices qui lui sont propres ; les plus forts, les plus puissants en arrachent naturellement davantage.

— Déséquilibre d'autre part entre les responsabilités croissantes de l'État et l'appui de la masse des citoyens qui lui est indispensable pour qu'il les exerce comme il convient. La passivité civique ruine l'autorité de l'État et le livre, impuissant, aux pressions et aux réclamations des uns et des autres. L'État ne prendra constamment la voie du bien public que s'il peut s'appuyer sur l'expression claire d'une volonté collective. « Le sens civique ranimé, écrit très à propos Mendès France, permettra aux responsables de faire prévaloir l'intérêt général. »

## *Recréer l'État contre les privilèges*

Je suis quant à moi convaincu de la modernité de ce message. Il n'y a guère, les idées républicaines passaient pour désuètes. On les dit aujourd'hui à la mode. Peu importe la mode. La conception républicaine de l'État est moderne parce qu'elle est de nature à nous guider dans la résolution de quelques-uns des plus redoutables problèmes qui se posent à nous. Et cela, pour trois raisons.

La première, c'est que notre société est menacée d'éclatement. La menace n'est pas nouvelle. Mais elle est aujourd'hui aggravée. La perspective d'une société duale est sérieusement envisagée. Certains n'hésitent pas à la reconnaître comme un passage obligé. Les corporatismes en imposent à l'État, dont ils minent l'autorité en y creusant chacun sa galerie. L'opinion s'y trompe, croyant voir là une forme de la démocratie. Et la gauche étant au pouvoir, les privilèges s'avancent une fois de plus dans notre histoire, sous les banderoles de la liberté.

La deuxième, c'est la guerre technologique et économique où nous sommes plongés, malgré que nous en ayons. L'épreuve n'apparaît pas évidemment aux yeux de tous. Elle est pourtant impitoyable. Nos divisions nous affaiblissent. L'inconscience nationale pourrait nous anéantir. Dans l'affrontement planétaire dont l'enjeu commercial est la manifestation superficielle, il y aura des gagnants : les pays qui auront su unir leurs forces, tendre toutes leurs énergies, travailler et s'organiser. Et puis, il y a les autres. Comment ne pas voir que le sentiment de l'identité nationale ouvertement exalté aux

États-Unis, au Japon ou en U.R.S.S., nous ferait gravement défaut s'il était chez nous nié ou dénigré ?

La solidarité nationale ne s'épuise pas dans la sécurité sociale. Elle est aussi bien requise dans l'effort collectif qu'exige la compétition des nations. Or, en France, la nation et la République sont devenues inséparables. Lorsque, en 1940, l'État a cessé d'être républicain, il a précisément cessé d'être le bras séculier de la nation.

La troisième raison enfin, c'est que la conjoncture idéologique n'est pas bonne. D'un côté, on cultive un individualisme effréné. On nourrit l'illusion d'un bien-être personnel sans souci des valeurs collectives ; trop souvent, on ne valorise les communautés restreintes que pour dévaloriser davantage la communauté nationale. D'un autre côté, on vilipende l'État, tel Léviathan dans la Géhenne. De ce que certains États sont totalitaires, d'aucuns ont tiré la conclusion que tout État l'était en puissance. Au lieu d'encourager au respect de l'État républicain, premier protecteur des libertés, on le dénonce comme une menace contre l'initiative et l'épanouissement individuels. On oublie que l'État républicain est le meilleur garant de la démocratie. On oublie cet impératif de Joseph Caillaux : « Créer l'État, recréer l'État, œuvre d'hier, œuvre qu'il faut périodiquement reprendre en un pays où le privilège pousse dru. »

Pour ces raisons, l'enseignement de Pierre Mendès France qui a illustré à un haut niveau l'exigence républicaine est aujourd'hui salutaire.

[...]

## *La raison dans l'économie : éloge de la planification*

Je voudrais évoquer cependant un aspect de l'œuvre de Mendès France qui n'est pas méconnu, mais auquel on ne fait pas, à mon sens, une assez juste place alors qu'il est, autant que le précédent, étonnamment moderne. Je veux parler de la planification économique.

Ici, comme précédemment, tout découle de la raison et de l'intérêt général.

Dans la pensée de Mendès France, le plan apparaît d'abord comme un effort de cohérence, l'emprise de la raison sur le désordre des choses, un refus de l'empirisme et du pragmatisme, volontiers conservateurs.

« Partout où il y a action collective, écrit Mendès France : une bataille à gagner, un immeuble à construire, une entreprise privée ou publique à organiser — il faut un plan pour déterminer les conditions d'exécution les meilleures — sinon, c'est le gaspillage et finalement l'échec. »

Et, un peu avant : « Les interventions de l'État (dans l'économie) ne doivent pas faire l'objet de décisions successives et parcellaires, au hasard des besoins ou des circonstances. Elles doivent constituer un ensemble cohérent dont les différentes parties, au lieu de se contrarier, ou de se neutraliser, se renforcent, se complètent, se soutiennent les unes les autres. Cet ensemble, c'est le Plan[1]. »

Et, d'autre part, le Plan n'est pas seulement source d'efficacité, il est source de démocratie ; il se présente comme l'instrument de la volonté générale dans l'économie. Le processus de planification dans lequel interviennent tous les acteurs de la vie économique et sociale, est ce moment privilégié où une société bâtit son avenir : où faire porter les efforts prioritaires, comment prévoir et créer de nouveaux marchés ? Comment former les hommes aux mutations que la société va connaître ?

Après avoir noté l'opposition traditionnelle des milieux de droite à toute intervention de l'État dans l'économie, Mendès France rappelle ainsi les droits de la nation :

« Après avoir dressé d'abord l'inventaire des besoins (sociaux), c'est au Parlement, expression démocratique de la Nation, qu'il appartient de déterminer, compte tenu

1. *La République moderne*, pp. 143-144.

des priorités respectives de chacun d'eux et des ressources disponibles, les objectifs qui doivent être atteints par le Plan et les moyens physiques et financiers à mettre en œuvre [...].

« Ces choix exigent un sens profond du bien collectif. On ne peut voir se développer un tel esprit (qui est proprement l'esprit civique) que chez des hommes et des femmes convaincus non seulement que le choix dépend d'eux, mais que ce choix, une fois fait, sera respecté sans défaillance[1]. »

Il n'y a pas là, chez Mendès France, une référence obligée à un principe socialiste. Il applique à ce sujet une réflexion originale et approfondie.

Au chapitre de la planification démocratique, il préfigure la formule des contrats de plan que le gouvernement de la gauche, vingt ans plus tard, mettra en œuvre pour associer les collectivités territoriales au IX^e Plan.

A celui des entreprises nationalisées, il a des formules propres à faire rêver un ancien ministre de la Recherche et de l'Industrie : « La firme nationalisée doit toujours être au service du Plan. Pour elle, le Plan est impératif[2]. »

Et à celui de l'État, cette autre, qui n'est pas moins résolue : « On peut discuter du degré de contrainte que le Plan exercera sur le secteur privé. Mais aucune contestation n'est admissible en ce qui concerne l'État et ses administrations[3]. »

Autant l'idée de la République connaît un regain — très récent — de faveur, autant l'idée du Plan est aujourd'hui à l'écart du débat public. Certes, on ne reviendra pas au Plan de Jean Monnet. Les exigences de la modernisation ne sont pas celles de la reconstruction. L'économie française s'est, depuis lors, intégrée au Mar-

1. *La République moderne*, pp. 158-159.
2. *Op. cit.*, p. 192.
3. *Op. cit.*, p. 161.

ché commun de l'Europe. Les vues de Pierre Mendès France elles-mêmes, en la matière, sont marquées par les circonstances du temps. Mais je suis convaincu qu'avant longtemps on reconnaîtra que pour l'orientation générale, elles étaient justes.

Il faudra les renouveler, tirer les leçons des expériences récentes comme les contrats de plan entre l'État et les régions, entre l'État et les entreprises nationales, le plan d'action pour la filière électronique ou la loi de programmation pour la recherche. Mais la planification est une idée d'avenir.

Il n'est pas douteux que l'application que Pierre Mendès France en recommandait pour l'État sera un jour une réalité. On prendra conscience que le dogme de l'annualité budgétaire, qu'on enseigne encore dans nos écoles, était fondé sur une économie à dominante agricole, dont le cycle de production fondamental était précisément celui d'une année ; et que dans une économie industrielle, dans une économie développée, la rotation du capital s'opère sur plusieurs années ; dans une telle économie, il n'y a pas de grands projets, pas d'action industrielle ni d'équipement où l'État est engagé, qui ne requière un effort soutenu, plusieurs années durant.

## *Regard sur l'avenir*

[...] Il y a un peu plus d'un an, j'ai fondé un club de réflexion politique comme il en existe beaucoup dans l'histoire de notre République qui, à côté des partis, lui ont souvent apporté d'utiles contributions. Je me suis alors souvenu de ces mots de Pierre Mendès France. Et c'est très naturellement que, pour baptiser ce club, j'ai emprunté les mots de « République moderne » qui composent le titre d'un de ses meilleurs livres. *« D'immenses modifications sont devenues possibles et des problèmes dont les solutions semblaient inaccessibles ont pu être résolus, dans le passé, chaque fois qu'ont additionné leurs volontés et uni leur action la partie défavorisée du pays, celle qui est tout naturellement revendicative, voire révolutionnaire — la fraction éclairée et moderne des classes déjà influentes — et la jeunesse dont les regards, d'instinct, se portent sur son avenir, c'est-à-dire sur l'avenir. Car c'est là que résident les réserves de volonté et de dynamisme*[1]. »

1. *La République moderne*, p. 304.

# TABLE DES SIGLES

| | |
|---|---|
| A.D.E.P. | Agence Nationale pour le Développement de l'Éducation Permanente |
| A.N.V.A.R. | Agence Nationale pour la Valorisation de la Recherche |
| B.E.P. | Brevet d'Études Professionnelles |
| C.A.P. | Certificat d'Aptitude Professionnelle |
| C.A.P.E.S. | Certificat d'Aptitude Pédagogique à l'Enseignement Secondaire |
| C.A.P.E.T. | Certificat d'Aptitude Pédagogique à l'Enseignement Technique |
| C.D.D.P. | Centre Départemental de Documentation Pédagogique |
| C.D.I. | Centre de Documentation et d'Information |
| C.E.R.E.Q. | Centre d'Études et de Recherches sur les Qualifications |
| C.N.D.P. | Centre National de Documentation Pédagogique |
| C.R.D.P. | Centre Régional de Documentation Pédagogique |
| C.N.R.S. | Centre National de la Recherche Scientifique |
| C.N.P.F. | Confédération Nationale du Patronat Français |
| C.E.T. | Collège d'Enseignement Technique |
| D.E.A. | Diplôme d'Études Approfondies |
| D.E.S.S. | Diplôme d'Études Supérieures Spécialisées |
| D.E.U.G. | Diplôme d'Études Universitaires Générales |
| D.E.U.S.T. | Diplôme d'Études Universitaires Scientifiques et Techniques |
| D.U.T. | Diplômc Universitaire de Technologie |
| E.M.T. | Éducation Manuelle et Technique |
| E.N.I. | École Normale d'Instituteurs |
| E.N.S. | École Normale Supérieure |

| | |
|---|---|
| E.N.S.E.T. | École Normale Supérieure de l'Enseignement Technique |
| E.P.C.S.C.P. | Établissement Public à Caractère Scientifique, Culturel et Professionnel |
| E.P.S. | Éducation Physique et Sportive |
| F.E.N. | Fédération de l'Éducation Nationale |
| F.N.S.U. | Fédération Nationale du Sport Universitaire |
| GRETA | Groupement d'Établissements |
| I.U.T. | Institut Universitaire de Technologie |
| I.T.A. | Ingénieur Technicien Administratif |
| I.N.S.E.R.M. | Institut National de la Santé et de la Recherche Médicale |
| L.E.P. | Lycée d'Enseignement Professionnel |
| M.A.F.P.E.N. | Mission Académique à la Formation des Personnels de l'Éducation Nationale |
| M.I.A.G.E. | Maîtrise des Méthodes Informatiques Appliquées à la Gestion |
| M.S.T. | Maîtrise des Sciences et Techniques |
| O.T.E. | Option de Technologie Économique |
| O.T.I. | Option de Technologie Industrielle |
| P.A.E. | Projet d'Action Éducative |
| P.E.G.C. | Professeur d'Enseignement Général des Collèges |
| S.I.G.E.S. | Service de l'Informatique de Gestion et des Statistiques |
| U.N.S.S. | Union Nationale du Sport Scolaire |
| U.S.E.P. | Union Sportive de l'Enseignement du Premier Degré |
| T.U.C. | Travaux d'Utilité Collective |
| Z.E.P. | Zone d'Éducation Prioritaire |

# INDEX DES NOMS ET LIEUX CITÉS

# INDEX THÉMATIQUE

## DU MÊME AUTEUR

*L'Enarchie ou les Mandarins de la société bourgeoise*
(en collaboration) sous le pseudonyme de Jacques Mandrin
La Table Ronde, 1967.

*Socialisme ou social médiocratie*
Seuil, 1969.

*Le Vieux, la Crise, le Neuf*
Flammarion, 1978.

*Le* C.E.R.E.S., *un combat pour le socialisme*
Calmann-Lévy, 1975.

*Les Socialistes, les Communistes et les autres*
Aubier-Montaigne, 1977.

*Le Service militaire*
(en collaboration) Ramsay, 1978.

*Etre socialiste aujourd'hui*
Cana, 1979.

Composition réalisée par C.M.L. - MONTROUGE

IMPRIMÉ EN FRANCE PAR BRODARD ET TAUPIN
58, rue Jean Bleuzen - Vanves - Usine de La Flèche.
LIBRAIRIE GÉNÉRALE FRANÇAISE - 14, rue de l'Ancienne-Comédie - Paris.

ISBN : 2 - 253 - 03705 - 2 30/6077/9